心理臨床における多職種との連携と協働

つなぎ手としての心理士をめざして

本城秀次 監修
河野荘子・永田雅子・金子一史 編

岩崎学術出版社

序　文

　このたび，名古屋大学大学院教育発達科学研究科で共に学び，心理臨床の研鑽を積んできた若い学徒によって1冊の本が誕生した。その題名は『心理臨床における多職種との連携と協働——つなぎ手としての心理士をめざして』というものである。
　この本を一読すると，これまでの臨床心理学の本と比べて少し違う印象を受けるのではないだろうか。どこが違うのかちょっと考えてみると何となく理由が見えてくるような気がする。これまでの臨床心理学の書物では，そこで強調されるのは，クライエント−セラピスト関係であり，そこで重視されるのは，治療者の患者に対する共感的理解とか，受容といったことである。そこでは，クライエントの動きに合わせた受け身的な治療者の動きが特徴的である。
　それに対して他職種との連携ではどうであろうか。そこでは，それぞれの専門家が，自分が信奉するそれぞれの学説に基づきそれぞれが最良と思われる援助方法を実施しようとするのである。そこでは，それぞれの領域の専門家として，自分たちにふさわしい自己主張を行うことが必要であり，しかも，そのような自己主張をすることにおいて，他職種との連携が破壊されてしまうのではなく，そのような自己主張の結果，より高いレベルでの相互理解が達成されなければならない。
　このような対人関係は，主として一対一の二者関係から構成される従来の心理臨床の現場における対人関係よりも困難が多いように思われる。
　それにもかかわらず，従来の活動場面を飛び越えて，いわゆる他職種との連

携を必要する活動場面に積極的に関与しようとする心理臨床家が増えてきているように思われる。もちろんそのこと自体は望ましいことと思われる。

　一方，近年医療臨床，学校臨床，産業臨床，非行臨床，災害臨床などの用語がしばしば用いられ，早期からそれぞれの領域の専門化が進められているように思われる。このような傾向が専門化が進められるとともに，顕著になるのは，やむを得ないと思われるが，あまりに過度な専門化には注意すべきと思われる。私としては，心理臨床の最も基本的なものは医療臨床であり，心理臨床の実践的トレーニングとして病院等での数年間の研修が必要と考えている。

　多職種との連携は臨床心理実践において，言わば応用問題であるが，臨床心理の実践家として，自分のアプローチに十分自信を持った臨床家が育ってきており，それらの人たちが活躍しだしたと言えるのかもしれない。

　本書からもわかるように，臨床心理の専門家に様々な職種から連携の要請があるのは，そのような臨床心理の専門家の存在意義が既に認識されているからであり，ある意味適切に自己主張することのできる心理臨床家が育ってきていると言えるだろう。このような新しい臨床心理技術者の有りようが今後の臨床心理の姿を示しているのかもしれない。このようなことが本書を一読して，従来の心理臨床の本と違う新しい印象を読者に与えたのかもしれない。

本城　秀次

（名古屋大学発達心理精神科学教育研究センター 児童精神医学分野）

はじめに

　近年，心理臨床の場は，大きく広がりを見せるようになってきています。精神科医療だけではなく，医療の様々な領域において臨床心理士が活躍するようになり，スクールカウンセラーなどの学校領域，児童福祉施設や，発達センターなどの福祉領域，職場のメンタルヘルスをあつかう産業領域，家庭裁判所や非行などにかかわる司法・矯正領域，それ以外にも被害者支援や自死遺族の支援など多岐にわたるようになってきました。その背景には，社会の中で，こころの健康をいかに保つかということが，これまでになく強く認識されるようになり，「こころのケア」が日々の生活の中でも求められるようになったということがあるでしょう。臨床心理学の領域でもクライエントが抱える心理的問題に，多数の背景要因が複雑に関与しており，臨床心理士だけでクライエントに対する支援活動を行っていたのでは，十分な貢献を果たすことが難しいということが共有されるようになっています。日々の心理臨床では，クライエントの利益を第一に考慮して，お互いの専門性を尊重した上で，心理職以外の専門職と連携することは特段珍しいことではなく，むしろ一般的になっているでしょう。

　このように専門性の違う領域と連携をして活動をすることが求められるようになってきましたが，多職種で連携をして活動をする際に，臨床心理学という専門性をどう生かすことができるのか，これまで十分な検討はされてきていなかったのではないかと思います。私たちの活動の場が，広がりを見せていったとしても，その根底に流れるのは，臨床心理学がこれまで大事に扱ってきた1

対1の面接が基本となってくることは変わりありません。出会いかかわることを通して，心の問題にとりくむプロセスの対象が，特定の一人の人ではなく，複数となり，場全体となってきたということもできるでしょう。他職種や他領域との連携が進んできたからこそ，あらためて問われるのは，「心理臨床の専門性は何か？」であるといっても過言ではないのではないでしょうか。

　本書では，「心理士と他職種との結びつき」を主テーマに，様々な領域で活動をする臨床心理士の方に執筆をお願いしました。心理的問題が複雑に，そして多様化する中，臨床心理士として，他職種の専門家たちとどのように協働し，システムを構築しているのか，臨床心理士が他職種の専門家と連携する際に，良好な協働関係を築き，お互いの専門性を尊重しつつ，効果的な支援体制を構築するためには，具体的にはどうしたら良いのか？　クライエントのこころを，援助者である専門職の間でつないでいくためには，どのような点に心掛け，何に配慮すべきなのか？　他職種とは異なる心理士独自の役割とは，どのようなものであるべきなのか？　人のこころを扱う心理士だからこその心理臨床活動における他職種との協働（コラボレーション）について論じてもらいました。

　今後ますます重要視される他職種との連携と協働のあり方について，一定の見解を提案することで，臨床心理学の発展ひいては，それぞれの活動領域の発展に心理士の立場から貢献できることを願っています

平成 27 年 3 月

編者一同

河野荘子・永田雅子・金子一史

目　次

序　文……………………………………………本城　秀次　　i
はじめに…………………………河野　荘子・永田　雅子・金子　一史

第1章　多職種支援における心理士の役割──心理士独自の貢献とは
　　　　………………………………………………河野　荘子　　1
第2章　周産期医療における多職種協働………………永田　雅子　　13
第3章　出産後の家族への支援──母子保健領域での保健師との協働
　　　　………………………………………………金子　一史　　27
第4章　幼児期の子どもへの支援──巡回指導における保育士との連携
　　　　………………………………………………瀬地山葉矢　　43
第5章　発達障がい児への支援──地域支援におけるネットワークの構築
　　　　………………………………………………小倉　正義　　59
第6章　発達専門機関でのチーム医療の実際
　　　　──幼児期から児童期の子どもへの支援………駒井恵里子　　71
第7章　スクールカウンセリングにおける支援
　　　　──養護教諭や担任との連携……………………高橋　靖子　　85
第8章　スクールカウンセリングにおける支援──管理職との連携
　　　　………………………………………………堀　英太郎　　99
第9章　学生相談における支援──学内外の支援者との連携
　　　　………………………………………………濱田　祥子　　115
第10章　医療・保健領域における心理士への期待
　　　　──児童精神科医の立場から…………………野邑　健二　　131
第11章　チーム医療での連携と協働……………………渡辺　恭子　　143
第12章　家族との連携……………………………………鈴木　亮子　　159

第1章
多職種支援における心理士の役割

心理士独自の貢献とは

河野　荘子

1. 臨床心理士の現状

1. 臨床心理士のいま

「臨床心理士」という言葉をまったく聞くことなく人生を終える人は，もはや少数派なのではないだろうか。過去に何度か起こった痛ましい震災の後に，心のケアに奔走し，今なお継続的な活動を続けているのも臨床心理士であるし，児童生徒の抱える心理的諸問題に対処するために学校に配置されているのも大部分が臨床心理士である。少年による重大事件が起こり，マスコミからコメントを求められたり，何らかの声明を発表したりする中に，臨床心理士が含まれることも多くなった。一般市民向けの公開講座などで，家族関係や心の問題への対処について，臨床心理士が講演することも珍しくはない。

これだけ認知度が高くなった臨床心理士ではあるが，その歴史はかなり浅い。臨床心理士資格を認定する組織である，公益財団法人日本臨床心理士資格認定協会が設立されたのが1988年，翌1989年12月に第1号の臨床心理士が誕生しているので，30年にも満たないのである。にもかかわらず，2014年9月現在，約27,000人が有資格者として登録されており，今後も順調にその人数は増えるものと推測される。

2. 臨床心理士の光と影

　人数の増加に，時流の後押しが加わって，臨床心理士の活躍の場は近年急速に増えた。しかしそれは同時に，社会が臨床心理士に期待する役割が多様化することにもつながった。社会からの要請は強くても，それに確実に応えていくことは，並大抵の努力ではできない。臨床心理士は，周囲との関係の中で，さまざまな課題に直面することとなった。

　その一つは，臨床心理士としての技能を身につけることとその向上に関する事柄である。現在，臨床心理士の養成は，指定を受けた一部の大学院の前期課程2年間でおこなわれている。どの大学院も，社会で役立つ有能な臨床心理士を輩出するため，さまざまな試行錯誤を繰り返しているが，短い訓練期間に見合ったボリュームの，バランスの良い，独自性のあるカリキュラムを作ることに悪戦苦闘している。やはり，どんなに優秀な学生でも，2年で社会の要請に応えられるまでの技能を身につけるのには限界がある。ごくごく基礎的なことを学んだ後，臨床現場に出て，より細分化された専門的な臨床に関わる中で，その要諦を少しずつ身につけるというのが，妥当なところなのではないだろうか。

　この問題は，どうやら日本固有の課題というわけでもないらしい。特別な配慮を要する人々に接するサイコロジストにはどのようなトレーニングが必要かを検討し，現存するプログラムへの提言をおこなっている論文は少なくない（たとえば，Mueser, Silverstein & Farkas, 2013; Jackson, Alberts,Jr. & Roberts, 2010など）。もちろん，日本でも，養成機関である大学院だけではなく，日本臨床心理士資格認定協会などが主催して，臨床心理士が技能を磨き，スキルを向上させるためには，どのような研修や訓練が必要なのかが検討され，さまざまな研修が頻繁に，そして継続的に行われている。しかし，いうまでもなく，どんな社会要請にも万全に対応できる臨床心理士が出来上がる，万能な研修が存在するわけではない。

　さらにもっと根本的な課題をあげるならば，一個人としての臨床心理士の発達と成熟は，緩慢で時間を要するものであり，個人差があることであろう。社会からの多様化する待ったなしのニーズと，受け手である臨床心理士の成熟のスピードとのズレが，昨今のさまざまな問題の原因の1つになっているので

はないだろうか。臨床心理士という仕事は,「これで出来上がり」という,はっきりしたゴールがあるわけではなく,常に新しい問題に直面し,それを解決しつつ,前に進むしか道はない。そうなると,やはり経験数の多い人のほうが,対処法をたくさん持っている可能性が高くなる。また,プライベートでさまざまな出来事を体験し,個人的な心理的課題に取り組むことによって,その人のおこなう臨床の内容が豊かに変化し,クライエントへの援助の幅が広がることさえ珍しくはない。これらはどちらも,長い時間を必要とする。社会からのニーズと発達／成熟のスピードとのズレの問題もまた,世の東西を問わない。もう少し時間的な猶予がほしいと思うのだが,そう言ってはいられない現実が片方にはある。

　社会の要請に応えようと努力しているにもかかわらず,さまざまな準備が整っておらず,結局うまくいかない臨床心理士の姿は,さながら,学校に適応できず,問題行動を起こしてしまう子どものようだと思うのは,筆者だけだろうか。

2. 今なぜ「多職種との連携」がテーマとなるのか

　さて,社会との関係で困難さを覚えることの多い臨床心理士だが,その活躍の場が広がるにつれ,これまであまり問題とされなかった,より細かく本質的な事柄も話題となっている。その1つが,「多くの他職種といかに連携すればよいのか。そのために臨床心理士は何に目を向け,どのように動けばよいのか」という問いである。本書のメインテーマでもある。
　図1は,一般社団法人日本臨床心理士会のホームページに掲載されている,臨床心理士の主たる活躍の場を示すものである。現在,臨床心理士は,教育・医療・福祉・産業など7領域で活動を行っている。各領域それぞれが,社会の中で果たす役割が違うので,当然,臨床心理士に要求される仕事の内容や力点は,職場によって異なる。
　たとえば,教育領域では,臨床心理士は,個々の生徒の抱える心理的問題について正確に把握することに加え,その生徒を取り巻く家庭,教師,地域など,さまざまな現実的要因を総合的に考慮して,どの場面でどのような働きをする

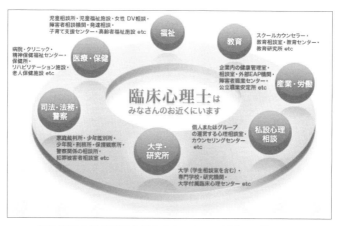

一般社団法人日本臨床心理士会ホームページ (http://www.jsccp.jp) より転載
図1　臨床心理士の主たる活躍の場

のがより良いのか，適切に判断することが求められる。生徒個人の心という主観的な世界だけでなく，現実世界にも目を向け，総合的に考えることのできるバランス感覚のようなものが問われることとなる。ある個人に対して，周囲がどのような評価を下し，どのような関わり方をしているのかを観察し，臨床心理士としての活動が円滑に進むよう協力してくれる者を見つける目も必要となるだろう。一方，医療領域，特に精神科においては，病理の重いクライエントが来ることは必至なので，ある程度の医学的知識は欠かせないし，担当医の治療方針を理解しつつ，臨床心理士として何ができるかを考え，自分の見立てをきちんと伝える技量と言葉を持つことが必要となる。クライエントの持つ内的世界をより深く理解し，対応を考える場面が多くなるが，医師や看護師，作業療法士，ソーシャルワーカーなどで構成される専門家集団の一員として，自分の理解を言葉にし，独自性を発揮し，存在意義を示すことが強く求められる。産業領域は，利潤を追求せねばならない企業の姿勢を理解することが大前提で，そのような制約の中で，企業の構成メンバー全員が生き生きと職務を全うできるよう，各所に目を配る必要がある。外部の専門機関との連携を常に視野に入れておくことは無論である。その他，福祉や司法など，各領域で，それぞれ独自の動きを求められるのは必至だろう。もはや，クライエントの内的世界のみ

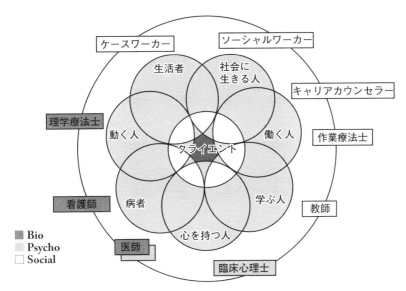

高橋（2011）より転記

図2　クライエントの多面的な理解と援助のモデル

を見ていては適切な心理的援助さえできないのである。

　残念なことだが，臨床心理士は，目の前のクライエントに寄り添い，二者関係の中でじっくり心を理解することを第一に考えるため，「連携」などと言われると，ついやりにくさを感じてしまう。しかしながら，連携は，避けて通ることのできないものである。なぜか？　どの領域で活動するにしろ，そこにはさまざまなメンバーで構成されるチームがある。あるチームに所属して臨床心理士として働くのならば，多くの他職種との関わりは避けられない。さらに言うなれば，「クライエントは心だけで生きているわけではない（高橋，2011）」。図2に示すように，クライエントはさまざまな側面を窓口に，社会とつながっている。そして，そのそれぞれに，適切な援助ができる専門家がいる。クライエントのより良い人生を考えるのであれば，臨床心理士は，自らのアイデンティティである「心」という部分を大切にしつつも，他の側面を担う専門家への敬意と協働する意思を忘れてはならないのである。

　そうはいっても，現実的には，臨床心理士に限らず，異なる職種間での葛藤

は明らかに存在する。集団構成メンバーは，専門職であるかないかにかかわらず，それぞれの感覚と判断で動いているのだから，致し方ない部分もある。しかし，葛藤をそのままにしていては，スタッフ間の雰囲気も悪くなるだろうし，何よりも，クライエントへの良くない影響は計りしれない。やはり，最小限に食い止めるための努力はすべきであろう。

「多くの他職種（本書で言うところの多職種）」との連携に関する研究は，最近になって，主にソーシャルワークの分野でなされてきたようである。次の章では，その知見のいくつかを紹介し，今，連携に関してどのようなことがわかってきているのかを探っていきたい。

3. 連携をテーマにした研究から

1.「連携」とは？

連携という言葉自体，定義はさまざまなようである。野坂（2008）によると，医療・福祉・保健分野では，「連携」「コラボレーション」「ネットワーク」「チーム医療」はほぼ同義語とみなせるらしい。また，李（2012）は，いくつかの定義を総じて，コラボレーション（連携）を，「複数の人間が共通の目標に向かって協力すること」としている。臨床心理士が関わるようなチームの場合，「共通の目標」は，当然「クライエントにとっての利益」になるだろう。

「連携」という概念の捉え方や判断基準について共通認識がないことが，スムーズな連携を阻んでいるのではないかと考えた田中・太田・山本・繁野・佐藤・吉永（2010）は，インタビュー調査を実施し，連携を論じるためのキーワードを抽出している。結果は以下の5つであった。

　①人・組織：どのような人や組織がかかわるのか，相互の役割についての共通認識
　②コミュニケーション：手段や方法についての共通認識
　③情報：共有すべき情報は何かについての共通理解
　④活動：情報共有をもとに，何をどのように活動すべきかに関する共通認

識
　⑤仕組み：上記①〜④がどのような状態であるのかに関する共通認識

　そして，田中らは，連携を促進するためには，これら5点を拡充し，保障する体制が求められており，これらが1つでも欠けると，連携が阻害されると指摘する。
　連携が大切であることは，万人が理解できる。しかしながら，意味ある連携ができるためには，かなり多くの条件が必要なようである。実際にどのようにすればスムーズな連携できるのか，途方に暮れる読者も多いのではないだろうか。

2. 多職種連携の発展段階と葛藤の発生時期，および葛藤マネジメント

　多職種連携は，チームとして協働する際に，いくつかの発展段階 Developmental Phase をへる（藤井・川合，2012）。結成されたチームが目的を達成する過程と生じる葛藤について，松岡（2009）の研究を紹介しよう。松岡は，チームの発展段階として，①チーム形成段階 Forming Phase，②規範形成段階 Norming Phase，③対立段階 Confronting Phase，④実践段階 Performing Phase，⑤離脱段階 Leaving Phase の5つがあるという。①は，支援のニーズに対応することになる関係機関が集まり，ニーズに対する表面的な情報が共有される段階，②は，チーム共通の目標や目的を考案し始める段階，③は，多職種チームが構成された目標や目的，相互の役割が再認識され，メンバー間の一体感が生じて，チーム全体が変化する段階，④は，チーム機能が成熟する段階，⑤は，チームが結成された目的を達成し，チームが解散したり，一部のメンバーがチームから離脱したりする段階となる。
　では，上記の発展段階の中で，異なる職種間の葛藤はいつ起こるのか。実は，すでにチーム形成段階から存在する。チーム形成段階は，チームメンバーが集まって，名前や職種など表面的な情報が共有されるが，個人的なかかわりは少なく，お互いに相手を探している状態である。それでも，業務は遂行せざるをえないため，メンバーそれぞれが独自に活動を始める。松岡は，ここに，異なる職種間の葛藤の萌芽があると説明する。

この葛藤が表面化するのは，対立段階においてである。それ以前の規範形成段階では，葛藤を表面化させないために，基本的ルールや共通の役割を明確化するなどのさまざまな対策が取られるが，それらはどれも葛藤を隠ぺいしているにすぎないため，根本の解決には至らない。対立段階では，葛藤が表面化し，メンバー間での力関係がはっきりしてくる。一部のメンバーはチームから離脱することもある。

　松岡は，多職種チームが成熟し機能していくためには，「葛藤や対立を見てみないふりをするのではなく，建設的に向き合うことが必要不可欠である」「チームビルディングの中では，メンバー間の葛藤や対立は必然的なものであり，むしろそれがチーム形成にとって欠かせない要素である」とし，チームの成熟を促すために非常に重要なスキルとして，「葛藤マネジメント能力」をあげている。

　この場合の葛藤マネジメント能力は，自然に身につくものではなく，スキルトレーニングが必要である（Juliá & Thompson, 1994）。Juliáらは，葛藤に気づいたメンバーが，まず，①何に，どこで葛藤が生じているのか（情報，事実，専門的価値，目標設定や方法など），②何が，葛藤をもたらした要因（情報把握方法の違いによる情報の差異，個人的・専門的な見解・認識や役割の違いなど）なのかを明らかにし，その上で，他のメンバーが葛藤に気づけるよう促し，ディスカッションし，争点をオープンにすることが重要であるとする。その際は，葛藤から感情的要素を切り離して対処することが求められる。これらがうまくいった時，葛藤の解決に向けて，チーム全体で具体的な解決方法について話し合うことができるとされる。

3. 多職種連携を円滑に進めるために臨床心理士として何ができそうか

　円滑で，意味のある連携関係を築くためには，田中らの言う5つの条件が整う必要がある。しかし，松岡が言うように，多職種連携では，チーム形成の初期から，ある種の葛藤が存在する。このような状況下で，臨床心理士は，独自の貢献として何ができるだろうか。期待される役割を担って活動することに加え，筆者は，臨床心理士こそ，葛藤マネジメントに適しているのではないかと思っている。

これは何も，スキルトレーニングに通って，専門的な技能を身につけるべきだと言っているのではない。李（2012）が，「基本的に，カウンセリングにおいては，クライエントに伝えたい内容があっても，いつ，何を，どのような言葉で伝えるかを常に吟味しなければならない。カウンセリングでこのような経験を重ねていると，自然に『時と言葉を選ぶ力』がついてくるものであり，この力が連携の際にも生きてくると思われる」と述べるように，臨床心理士は，その専門的な技能訓練の過程の中で，自分の中や周囲に存在する葛藤に気づくこと，それを「時と言葉を選んで」オープンにすることができるようになっているはずである。つまり，Juliáら（1994）のいう，「葛藤に気づいたメンバー」に，臨床心理士がなれるのではないかと思うのである。葛藤の存在を，適切に整理した上で共有できれば，それに直面化できるよう働きかけるのは，臨床心理士が心理面接の場で常にやっていることと大差ない。ちなみに，「葛藤から感情的要素を切り離す」ために，転移・逆転移の概念が使えるかもしれない。葛藤を恐れないこと，葛藤に気づくこと，葛藤に翻弄されないこと，葛藤の存在を適切にチームメンバーと共有できるよう働きかけること，つまりは，チーム内で起こった葛藤をマネジメントすることこそが，多職種間連携の場で，臨床心理士だからこそ果たせるもう1つの役割と考える。

4．これからの臨床心理士

1．臨床心理士に求められること

　高橋（2011）や松岡（2009）は，どのような分野であっても，専門職として機能するためには，①社会人としての基本的な対人関係能力，②専門職としての能力，③さまざまな専門性を有する他職種と協働する能力の3つが不可欠であるという。李（2012）は，多職種との連携が必要とされる職場でチームワークをよくするためには，①協調性や組織全体を見る視点を持つこと，②その職場において臨床心理士がどのような働きを求められているのかを自覚すること，③人間的信頼を得ることが重要であるとする。どれも，一朝一夕にできるようになるものではないが，心がけるだけでも自己内省のきっかけにはなるし，その繰り返しが，臨床心理士としての成熟につながることだろう。

さらに付け加えるならば，上述したような，葛藤をマネジメントできる能力を持っているとよい。個々のメンバーが自分では言葉にしにくいような思いも汲みながら，葛藤を整理し，言語化し，チーム全体で共有できるならば，臨床心理士は，より強靭な連携関係を形成する要として活躍できることだろう。

2. 他職種に求めていきたいこと

最後に，連携をスムーズにする上で，他職種に求めていきたいことも考えておきたい。田中ら（2010）は，ある患者が地域に帰り，生活者として暮らす場合，年齢や疾患などによって対象となる制度が異なること，特にライフステージをまたぐ継続した支援をおこなう場合，制度や施策の「縦割り」の壁に阻まれ，継続した支援を全うすることが難しい現状を指摘している。同じことは，心理援助においてもいえる。児童福祉施設は18歳までの子どもを対象としているので，それ以上の継続的支援は原則難しくなるとか，少年鑑別所や少年院は，原則未成年しか入れないため，彼らがそれ以上の年齢になった時にどのような生活をしているのか追跡する手段が乏しい，あるいは，出所後の継続的支援がされにくいなど，「縦割り」の影響と思われるようなことはたくさん起きている。ぜひ，他職種も門戸を開き，臨床心理士を連携の輪に入れてほしい。たとえ，その臨床心理士が，その分野の経験が乏しかったとしても，何かこれまでにはなかった新しい視点をえられるかもしれない。守秘義務は徹底せねばならないが，連携が重要なキーワードとなっている昨今だからこそ，多領域の専門家からなるチーム multidisciplinary team を作ることに前向きであってほしい。

5. 他職種を知ることで多職種連携は始まる

他職種と関わることは，異文化接触に他ならない。専門用語1つとっても，専門分野によって理解が異なる。筆者は，以前，ある個人的な集まりで，「delinquency」という言葉を，非行少年の意味で使ったことがある。しかし，その場にいたある理系研究者は，その言葉を「物質が基準を超えてしまいどうにも対処できない危険な状態」と理解したので，彼にはそれがどのように心理

学や社会現象と関係するのか理解できず、話がしばらくかみ合わなかった。ここまで極端な話ではないかもしれないが、他職種は、それぞれのバックグラウンドと理論をもって存在する。多職種の集まる集団とは、そのような背景を持った他職種が複数存在する場に相違ない。

　Clark, Cott & Drinka（2007）によれば、多職種でのチームで仕事をする際には、倫理的な問題でさえも各構成メンバーにジレンマが起こるという。また、現段階では、多職種間で円滑に仕事をおこなうための教育や実習をどのような方法でおこなうのが妥当なのかということは、包括的な枠組みが必要であることが認識されたにとどまっており、具体化は今後の課題となっている。

　だとしたら、結局は、対話によってそれぞれの違いを認識し、理解しあうしか、状況を打開する方法はなさそうである。チームを構成するメンバー間にどのような違いがあるのかが明確になれば、対処も考えられるし、自らの意思や考えをきちんと説明することもできることだろう。その積み重ねが、必ずや相互理解につながる。違いを明確にすることこそが、一見遠回りのようだが、実は最も適切な協働への近道なのである。

文　献

Clark PG, Cott C, Drinka TJK（2007）Theory and practice in interprofessional ethics：A framework for understanding ethical issues in health care teams. *Journal of Interprofessional Care*, 21(6)：591-603.

藤井明日香・川合紀宗（2012）特別支援学校高等部の就労支援における関係機関との連携―多機関・多職種連携を困難にする要因の考察から―．特別支援教育実践センター研究紀要, 10：15-23.

Jackson Y, Alberts Jr FL, Roberts MC（2010）Clinical Child Psychology: A practice specialty serving children, adolescents, and their families. *Professional Psychology: Research and Practice*, 41：75-81.

Juliá M, Thompson A（1994）Group process and interprofessional teamwork. *In* Casto, M. & Juli'a, M. eds., *Interprofessional Care and Collaborative Practice*, California: Cole Publishing Company, 43-57.

松岡千代（2009）多職種連携のスキルと専門職教育における課題．ソーシャルワーク研究, 34：314-320.

Mueser KT, Silverstein SM, Farkas MD (2013) Should the training of clinical psychologists require competence in the treatment and rehabilitation of individuals with a serious mental illness? *Psychiatric Rehabilitation Journal*, 36 ; 54-59.

野坂達志（2008）コラボレーションのお作法．臨床心理学，8(2)；192-197．

李敏子（2012）心理的援助における連携・協働のあり方．椙山臨床心理研究，12；5-7．

高橋美保（2011）大学教員として臨床心理学の発展を考える．臨床心理学，11；50-55．

田中康之・太田令子・山本多賀子・繁野玖美・佐藤浩史・吉永勝訓（2010）保健・医療・福祉の現場に携わっている人の「連携」のとらえかたの検証．リハビリテーション連携科学，11；175-181．

第2章
周産期医療における多職種協働

永田　雅子

1. はじめに

　周産期医療における臨床心理士の活動は，1990年代にはじまり，最初は，研修や研究目的で，低出生体重児や呼吸障害，何らかのリスクを持って生まれてくる赤ちゃんが入院してくる新生児集中治療室 Neonatal Intensive Care Unit：NICU に入り始めた。NICU は，鉄の扉を何枚か開けて入ることのできる特別な空間であり，そこには最新の医療器具に囲まれた赤ちゃんが横たわっている。家族も，日常の生活から，非日常の空間に足を踏み入れ，生まれてきたばかりの赤ちゃんと出会う。そうした赤ちゃんと家族の心理的ケアを担う存在として臨床心理士の活動が広く認知されるようになってきた。また周産期医療領域における家族の心のケアと親と子の関係性の支援の重要性の認識が高まってきたことから，2010年の1月に周産期医療体制整備指針が改正をされ，総合周産母子医療センターが確保に努める職員として臨床心理士等の臨床心理技術者が明記されることになった。整備指針改正以降，周産期医療で活動する臨床心理士の数は急速に増えてきており，臨床心理士がスタッフの一人として存在することが当たり前になりつつある。そこで行われている臨床心理士の役割は，何か問題があって訪れてくる，あるいは，紹介されてくる親に対する直

接的な心理的ケアではなく，場そのもののケアであり，子どもの発達を保証し，赤ちゃんと家族が出会いその関係を築いていくプロセスをスタッフともに支えていくことが中心となっている。

2. 赤ちゃんがリスクをもって生まれてくるということ

　どの親も，生まれてくるまで赤ちゃんとの一体感を楽しみ，赤ちゃんが元気に無事に生まれてくることを祈っている。一方で，結婚し，すべての夫婦がすぐに赤ちゃんを授かるわけではなく，またすべての赤ちゃんが，元気に健康に生まれてくるわけではない。また，全体の出生数が減少している中で，2500g未満で生まれてくる低出生体重児の割合は9.7%（母子保健の主なる統計，2009）と年々増加しており，生まれてすぐに生まれてきた赤ちゃんが医療的なケアのために入院を余儀なくされる赤ちゃんも存在している。何らかのリスクをもっているという事実が突きつけられてしまったりした場合，そうした予期せぬ事態に戸惑い，不安を感じ，受け止めるまでに時間がかかることはごく自然なことである。特に妊娠している女性の場合，赤ちゃんが自分のおなかの中にいるという事実が，「わたしが～をしなかったから」「わたしが～だったから」と自責感に直結しやすい。思い描いていた妊娠・出産と，赤ちゃん自身，そして赤ちゃんのいる生活を失ってしまったのではないかという喪失からの立ち直りと，おなかの中にいる，あるいは目の前にいる赤ちゃんと関係を築いていくというプロセスが並行して起こっていくことになる。一方の赤ちゃんも，自分の生命を守るのに精一杯で，相互作用の一方のパートナーとして機能することは難しく，保育器に入り，チューブにつながれた姿は不安を喚起させやすい。母親自身，出産によるホルモンの急激な変化を体験し，他の時期に比べると精神的に不安定になりやすく，周囲の言動によってとても傷つきやすい。また父親も，赤ちゃんが生まれてくるという実感がないままに，父親の役割を求められ，戸惑いを感じている。そして，祖父母も，傷つき，自分の娘や息子を心配するあまり，祖父母として親を支える役割をとれなくなってしまうことや，きょうだいも，家族の変化に戸惑い，傷ついていることもある。その中で親と子の関係性や家族としての絆を築いていくプロセスは，赤ちゃんの状態

に影響を受けながら，通常の場合と比べて，ゆっくりとした時間経過をたどることが多い。この時期の家族のこころは，赤ちゃんの状態によって左右される。赤ちゃんの状態は刻一刻と変化し，赤ちゃんの状態が安定していれば，気持ちが落ち着くし，赤ちゃんが不安定になると不安が増してくる。その中でおこなっていく心のケアは，臨床心理士一人で担えるものでは決してなく，医師が赤ちゃんの命を支え，看護師が赤ちゃんのケアと家族の赤ちゃんとの関わりを支え，他の医療スタッフと協働して，初めて可能な支援になっていく。

3．NICUにおける多職種協働

　かつてはNICUの現場では，赤ちゃんの救命が第一の優先課題であり，「後遺症なき生存」を目指して治療が行われてきた（**写真1**）。一方で，退院後，親子関係が悪循環に陥る事例があることが報告されたこと，成長発達の過程の中で，発達障害を呈する子どもたちが一定の割合で存在することが明らかになってきたことで，赤ちゃんの発達と親と子の関係性の支援が治療の一つの柱として位置づけられるようになってきた。現在では，赤ちゃんの治療を担う医師と看護師が中心であったNICUという場の中に，社会福祉士（SW），理学療法士（SW），遺伝カウンセラーそして臨床心理士（CP）などコメディカルスタッフがかかわるようになり，一人の赤ちゃんと家族に多職種が協働してかかわることが増えてきている。医師も産科・新生児科・小児外科・小児循環器など様々な専門性を抱えたスタッフがチームを組み，看護師も，助産師，新生児集中ケア認定看護師など違う専門性を土台にして治療とケアに当たっている。以前は，主治医が主導をし，治療の方針が決められることが多かったが，今では，チームでカンファレンスを行い，チームとして赤ちゃんの状態と家族を理解し，出産前から退院後にわたって継続的なケアが行われると

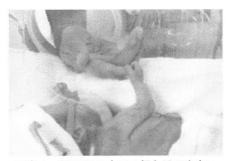

写真1　NICUの中での親と子の出会い

ころが増えてきている。そこでは，それぞれの職種がそれぞれの立場を尊重し，赤ちゃんと家族にとって何が一番なのかということを，「Family Centered Care」の理念をもとに活動を行われるようになってきている。その中で重要な職種の一つとして臨床心理士が位置づけられるようになってきた。

当初，周産期医療の中に臨床心理士が参画し始めたころ，精神科等，病院の他部署からNICUに足を踏み入れた活動と，周産母子センターの責任者とのやりとりの中で，研修やボランティアとして，まずその場にいることからはじまった活動と二つ存在した。精神科の所属として，決められた時間NICUに入り，限定した人と会い，別でカルテを作り，簡単なフィードバックしか現場にされなかった活動は，現場のスタッフからの反発を受けたり，自分から心理の面接を希望される方も少なかったことから，根付いていかなかった。一方で，まずNICUにはることからはじまった活動は，面会時間以外にもその場にいて，スタッフとやりとりをしながら活動を行っていった。スタッフの一人としてその場にいて，家族に声をかけ，スタッフにフィードバックをしながらチームの一人として活動を行った臨床心理士の活動は，広く認められ，現場でのニーズが大きくなっていった。その二つは何が違ったのだろうか。

最初の活動の在り方は，リエゾンとしての活動であり，外部の人間が，必要性に応じて支援をするという取り組みであり，心理的支援は，個人を対象としていた。そのため，NICUとは別の場で面接が行われるとともに，狭義の心理療法が適応され，そこで話された内容は，個人情報として，現場にフィードバックされず，NICUでのケアとは別のものとして行われていた。また，NICUに足を踏み入れたとしても，赤ちゃんが入院になったという事態に心理的危機に陥った個人を対象としており，赤ちゃんの状態については十分に把握しないまま進められていった。一方で，後者の活動は，妊娠・出産のプロセスを把握し，赤ちゃんの刻一刻と変化する状態と，目の前にいる赤ちゃんに出会うことから活動がはじまっていく。赤ちゃんがNICUに入院になる，あるいは入院となる可能性があるというその事態に直面し，揺れ動いている家族を対象としており，NICUの中で面会中の家族に声をかけ，赤ちゃんと一緒にいることで湧き起ってくる感情を受け止め，赤ちゃんとのやりとりを支えていくことが活動の中心となっていた。NICUの中に日常的に存在し，厳しい医

学的説明に同席したり，カンファレンスにも参加したりするなど，スタッフの一員として加わり，内部の人間として活動をおこなっていくものであった。

　そこでの支援は，医師や家族から依頼があって面接等をする形ではなく，入院になっている（あるいは入院になるかもしれない）赤ちゃんの家族に臨床心理士から声をかけていくものである。母親と赤ちゃんがどんな状況にあるのかをカルテやスタッフから確認し，事前にある程度把握したうえで，面会中の家族に声をかけていく。一言二言の会話だけで過ごすこともあれば，お誘いして別室での面接を行うこともある。自ら求めて臨床心理士につながってきた方を対象にするのではなく，赤ちゃんが入院になったという事態に直面し，戸惑い，不安を抱えているであろう家族に，臨床心理士から声をかけ，かかわっていく。そのため，できるだけ侵入的にならないように，家族と赤ちゃんをそっと包み込むように，赤ちゃんと家族と一緒にそこに「いる」ことからはじめるケアとなっていく。声をかけたときに，「臨床心理士である」ことを告げると，すっと背中を向ける方もいる。自分自身が，心理的ケアの対象になるということは，特別なことのように感じられ，抵抗を感じる人もいれば，なんとか自分を保っている状況の中で，臨床心理士がかかわることで，語りを誘発されることが辛い人もいる。特に，出産前後の母親の精神的状態はホルモンバランスの変化も影響して不安定になりやすく，それ以上に，生まれてきた赤ちゃんが何らかのリスクを抱えているということ自体が親としての罪障感を刺激し，傷つきやすさを抱えている（永田，2011）。その家族に対して，臨床心理士がかかわることが傷つきにつながらないように，心のアンテナをはりながら，その家族によって必要なタイミングと距離をはかり，そっと声だけかけてその場を離れ，後日声をかけていくこともある。スタッフと家族の状況を共有しながら，誰がどのタイミングでどのようにかかわっていくことがこの赤ちゃんと家族にとっていいのか，その時その場でアセスメントを繰り返し，スタッフのかかわりも支えていくことが大事な機能となっていく。臨床心理士がスタッフのひとりとして位置づけられ，場の中に当たり前のようにいてはじめて可能となる支援であり，他の職種と有機的に機能しながら活動を行っていくものとなっていく。

4. 周産期における心理臨床

NICUはずいぶん緩和されてきたとはいえ,扉を何枚か開け,手洗い等をして入ることのできる特別な空間である(**写真2**)。また入室できるのは両親に限られていることが多く,きょうだいや祖父母の面会は制限されている。家族は病院に入り,NICUの扉をあけることで,日常の生活から,赤ちゃんの待つ非日常の空間へと足を踏み入れていく。多くの家族が,家に帰ると普段の生活が待っていて,赤ちゃんが入院していることがまるで別世界のことのように感じることがあると話されるように,NICUの空間自体が,非日常的な場となる。つまりNICU自体が外的な枠組みとして機能をしていく。また,赤ちゃんと赤ちゃんを見つめる親と,臨床心理士との3者のかかわりが行われるとき,周りの風景は背景においやられ,もう一つの枠が生まれる。NICUという場と,赤ちゃんを目の前にした空間と2重に守られた枠が生じた場合,赤ちゃんと,その親と,臨床心理士のかかわりは,親—乳幼児心理療法と同じ臨床システムに近い状況を生み出す(橋本,2011)。赤ちゃんの動きに誘発される形で母親の語りが生じ,やりとりの中でおこっている微妙な波長にあわせるように,赤ちゃん自身の言葉として感じることを母親に伝え返すと,しばらくしてタイミングを見計らったように赤ちゃんの動きが生じてくる。そのことが,母子の間にある緊張をふと緩め,そこで起こった感情を臨床心理士と共有することで,母親の表情が和らぎ,赤ちゃんへのかかわりが柔らかいものへと変化していく。そしてそれに反応して赤ちゃんが穏やかになるなど,赤ちゃんが反応し,そのことをまた一緒に赤ちゃんをみつめる臨床心理士と共有することで,少しずつ目の前の赤ちゃんから送られてくるメッセージを上手にそして的確に読み取るようにな

写真2　NICUの風景

っていく。赤ちゃんの状態の変化によって行きつ戻りつしながらすすむプロセスではあるが，赤ちゃんとの出会いを支える守りがあって初めてすすんでいく。

　赤ちゃんが安定していると，家族はほっとした気持ちで赤ちゃんと関わることができる。また家族も心理的に安定していると，赤ちゃんの反応や読み取りがポジティブなものとなっていく。赤ちゃんが安定するためには，赤ちゃんの"いのち"がしっかりと支えられていること，赤ちゃんが安定するように発達を支えるケアができていることが必要となる。赤ちゃんの"いのち"を守るために医師は治療を行い，赤ちゃんが安定するためのケアは"看護師"が行っている。また家族がほっとした気持ちで，NICUという場の中で，赤ちゃんと"いる"ことができるためには，NICUの環境自体が抱える環境として機能していなければならない。そのためには医師が，家族に赤ちゃんの状態をしっかりと伝え，一緒に赤ちゃんの治療をしていくパートナーとしてかかわってくれていること，看護師が家族の赤ちゃんのかかわりをしっかりと支えているくれることが土台となってくる。Stern（1995）は，乳幼児期の支援のシステムを図1のように示したが，NICUの中では，医師が赤ちゃんの治療をすることで赤ちゃんの反応・行動を支え，看護師が赤ちゃんにデベロップメンタル・ケアをすることで赤ちゃんの反応・行動を支えるとともに，家族にケアに関わってもらうことで，母親の反応・行動を支えてくれている。臨床心理士は，家族の表象を主に扱い，支えていくが，医師や看護師などほかの医療スタッフの赤ちゃんや家族への支えをしっかりしてくれていることでより機能していくことができる。また赤ちゃんと家族が出会うその場で，支援を行うということは，赤ちゃんと離れた場で，母親の表象のみを扱うのではなく，赤ちゃんを目の前にして揺さぶられる思いを抱え，様々な思いを抱きながらかかわるそのかかわりを支えていくことになっていく（図2）。こうした支援のシステムをばらばらに行うの

図1　母子への支援システム（Stern, 1995）

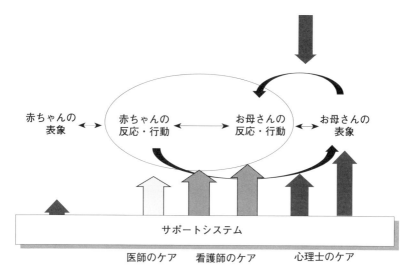

図2 NICUにおける支援システム（Stern, 1995を筆者が改変）

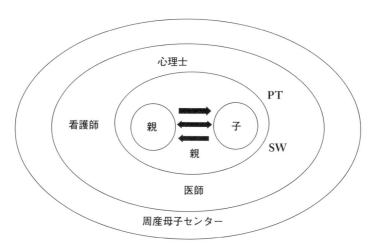

図3 周産母子センターにおける抱える環境

ではなく，有機的に補いあい，一つのチームとして赤ちゃんと家族の支援を行っていくことができたとしたら，NICUの場全体が抱える環境として機能していくことにつながっていく（図3）。またスタッフとともに，赤ちゃんと家

族のことを考え，理解していくプロセスは，スタッフのこころの揺れも抱えていくことにつながっていく。

5. 場の臨床であるということ

　周産期医療における心理臨床は，場の臨床であり，NICU という場に面会に来る家族が対象となる。また精神疾患等の治療が必要な方が対象となるのではなく，赤ちゃんが入院になるという思いもかけない事態に遭遇した家族が対象であり，赤ちゃんが入院となっているその場でケアを行っていく。そのため，家族の背景について情報収集を積極的にすることもなければ，家族が語られない限り内面を扱うこともない。そのとき，その場で，語られる語りを尊重していく。刻々と変化する赤ちゃんの状況に合わせて揺れ動く家族に寄り添いながら，家族にとって必要な体制を整え，つないでいくことも一つの役割となる。
　生まれた時の状況が重篤であればあるほど，赤ちゃんは自分の生命を守るのに精一杯で，本当にこの子は生きていけるのであろうか，育っていけるのであろうかという不安や心配を喚起させる。予期しない出来事に遭遇した場合，受け止めるまでに時間がかかるのは当たり前の感情である。それが自分の赤ちゃんのことであり，先の見えない不安を感じながら，目の前にいるわが子を受け止めていかなければならない。赤ちゃんに対して両価的な思いを抱くのは当たり前の感情である一方で，一般的に子どもに対して否定的な思いを抱くことは，あってはならないものとされ，そう思ってしまうことすら，罪障感を刺激する。特に親は子どもを預けている，一生懸命治療をしている医療スタッフには，子どもに対する両価的な思いをぶつけることは難しく，看護師のケアをみて「母親なのに何もできない」無力感を刺激されることもある。(図4)。
　一方で，子どもを預かる立場でもある NICU では，両親に対して当たり前のように出生直後から，その子自身全ての状態の受け入れと，親としての役割を要求してしまうことが多い。医療スタッフも，赤ちゃんの姿に様々な思いを揺さぶられ，「あるべき親の姿」を親に求めて，親に対して怒りなどネガティブな感情を向けてしまったり，親が傷つかないようにと配慮したりすることで余計に親を傷つけてしまうことも起こってくる。特に

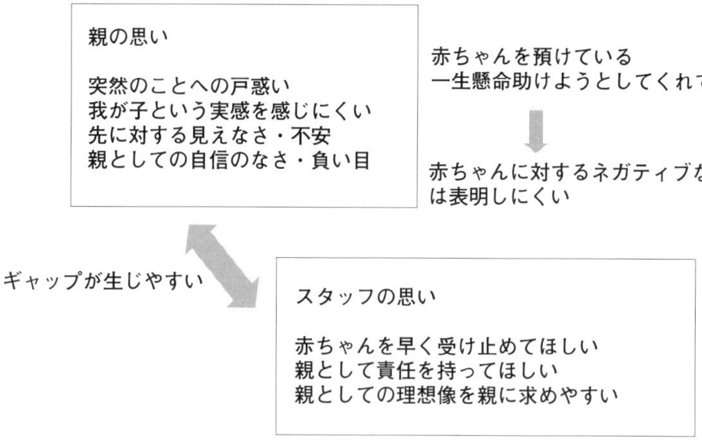

図4 家族とスタッフの思いのギャップ

NICUではすべての赤ちゃんが元気に健康な状態で退院するわけではなく，経過の中で状態が急変し，亡くなってしまう赤ちゃんもいれば，疾患や重度の障害を抱えて生きていかなければならない赤ちゃんも存在する。治療をどこまでするのか，赤ちゃんと家族にとって最善の形をどう考えるのか，自分の価値観を揺さぶられる連続となる。自分が赤ちゃんの命に対して無力であることを突きつけられると同時に，ケアの仕方一つ一つで状態が変わり，触れるだけでもアラームが鳴ってしまうなど，「さじ加減ひとつ」で赤ちゃんの命が左右されてしまうかのような状況の中で，医療者も傷つき，葛藤を抱えることになる（永田，2014）。

　臨床心理士は，治療に携わらず，赤ちゃんのケアに参加することもできない。NICUの中では家族と同様に無力な存在であり，一緒に赤ちゃんを見つめることしかできない。しかし，何もできないからこそ，赤ちゃんといることで揺さぶられる様々な思いを一緒に感じ，こころの揺れや，家族と赤ちゃんの間でおこっていることを丁寧に拾い上げることが可能となる。また，医療的なケアに携わらず，忙しいNICUの中で"doing"できないからこそ，場の中でスタッフ同士がどういった思いが揺さぶられ，家族とのかかわりに影響をしているのか俯瞰的な立場でとらえることができる。スタッフの立場である一方で，

二人称的な立場でかかわることのできる臨床心理士だからこそ，スタッフと家族の橋渡しを行い，場自体をケアしていくことが可能となっていく。

特に，集中治療室でもある NICU は 24 時間稼働しており，面会時間も以前に比べて仕事が終わって父親も面会に来られるようにと，夜間や 24 時間の面会も設定されるようになってきた。医師や看護スタッフは，交代勤務で複数で勤務しているが，臨床心理士の多くは一人で周産期医療全体をカバーしていることが多く，すべての入院児に対応できるわけではないし，24 時間対応できるわけではない。NICU での勤務の時間内で，お会いできる方に声をかけ，継続的に支援を行っていくことしかできない。そのため，医療スタッフから，家族のケアの必要性から心理士に関わってほしいという要請があったとしても，両親との時間が合わない限りは，声をかけることすらできないこともある。出産前，あるいは出産直後から関わることを意識していたとしても，タイミングが合わず，1 か月が過ぎてしまうことも起こってくる。また，臨床心理士をその時期にうまく利用して乗り越えられていく方もいれば，臨床心理士に声をかけられ，話をすること自体がその時期には「自分が崩れてしまう」ように感じられてしまうことも起こってくるだろう。すべての家族に今，ここでの臨床心理士の直接的なケアが必要なわけではなく，看護スタッフのケアやかかわりで支えられていく人も少なくない。赤ちゃんと家族にとって誰がキーパーソンとなり，どのタイミングでどういった心理的ケアが必要となっていくのかアセスメントをしながら，時には，プライマリーナースの家族とのかかわりを支える役割を担うなど，柔軟にその支援の在り方を変えていくことが必要となっていく。

事例 1

A 君は 600g 台で超低出生体重児として生まれてきた。出生直後から状態が厳しく，脳内出血が進行し，厳しい神経学的予後が予想された。他院で出産し，しばらく面会に来られなかった母は，10 日ほどして初めての面会となった。たくさんの管につながれ，周りから見ても苦しそうな表情で横たわっている A くんと，能面のような表情で，保育器の前でただ固まったように立っている母の姿は，まるでそこだけ違う時間が流れているようであり，看護師

も遠巻きにその様子を眺めていた。厳しい状態が続いていることを担当医から聞かされた母は，「わかりました。お願いします」とだけ話され，10分少しでNICUを後にされた。そのあとから，母は初回面会の時とは打って変わって，お化粧をきちんとし，濃い赤色の口紅をつけてNICUに現れるようになった。表情はやはり硬いままであったが，保育器に顔を近づけ，一生懸命声かけをしていた。一方で，看護師が児の今日の状態を伝えようとしても，十分理解しているような感じがなかったり，「大きくなったらお父さんとキャッチボールをさせたい」と，予想される厳しい予後から考えられる姿とは違う言動が多くみられたりすることが続き，看護スタッフからは，「この子の深刻さがわかっていないのではないか」「母親としての自覚がないのではないか」という声が上がり始めた。筆者（臨床心理士）は母の面会時に何度か声をかけ，母がA君にタッチングする側で一緒にA君をみつめていたが，どこか固い鎧をつけ，何物も寄せ透けないような雰囲気を出されていることが気にかかっていた。一方で，Aくんに必死に声をかけているその姿からは，A君の前では思いを語られることはないだろうとも感じていた。別室での面接をお誘いすると，ちょっと考えて，「わかりました。お願いします」と頭を下げられ，NICUに隣接する面談室へと移動した。「大丈夫です」と最初は気丈な口調で語られていた母だったが，A君の病状，考えられる予後について語られた後，「目が見えないかもしれない，動けないかもしれないAだけど，私がAの前でそのことを口にすると，Aが傷つくのではないか」「自分が口にすることでそれが現実のものとなってしまうのではないかという怖さがある」と語り，「目が見えない子でも原色の赤色とかはとらえやすいと書いてあった。少しでも私が来ていることがAに伝わるように，派手な赤を口紅でつけているんです。でも私のことはわかってくれていないと思う」と涙をこぼしてうつむかれた。妊娠中の経過を振り返る中で，母は今回A君の状態が厳しいことは，自分の責任であると強い自責感を感じていたこと，NICUの中では気丈に振る舞われていた一方で，NICUから一歩足を踏み出すと，強い抑うつをしめしていたことが面接の中で語られていった。母はAの病状をわかったうえで，Aの前では気丈な母を演じており，必死に自分を保とうとされていたことが痛いほど伝わってきた。面接の最後に，＜一緒にAにとってなにがいいのか考えていきたい。

そのためにもお母さんの思いをスタッフにもわかってほしいと思う。お母さんが今日，私に語ってくれたことをスタッフにもお伝えしていいか＞と尋ねると，「ぜひ，お願いします」と頭を下げられた。母を送り出した後，プライマリーナースにかいつまんで母との面接の内容を伝えると，プライマリーナースに後悔の表情が浮かんだ。カルテにも，自然な親としての思いであることもふくめて，スタッフが気になっていた言動について，臨床心理士としてのコメントを記載した。また，多職種カンファレンス時に母なりの児のかかわりを支えてもらうこと，ポジティブなフィードバックを意識して行ってもらうようにスタッフに伝えた。何人かの看護スタッフは，NICU内ですごしている私に，声をかけてくれ，一緒にA君をみながら，一人一人が感じていたA君の母の印象や，A君の予後についての自分の思いを語ってくれた。私に話すことで，自分の中に沸き起こってきていた思いを整理し，家族の面会時に声をかけてくれているようだった。A君の状態が落ち着いてくるにつれて少しずつ母の表情は柔らかくなり，濃かった口紅も，Aくんが自分に反応してくれているような手ごたえを，母なりに感じ取れるようになってからは，自然な色と変わっていった。Aくんの病状の揺れに連動するように，母の言動は揺れ動いていったが，プライマリーナースが母をしっかりと支え，落ち着いた親子関係を築いて退院となっていった。

6. おわりに

周産期医療で臨床心理士が活動するようになってから20年が経過し，NICUの中には当たり前のように臨床心理士が存在するようになってきた。一方で，「生」と「死」の近接する周産期医療の場の中で，外的な枠組みをもたず活動する臨床心理学的援助は，いかに臨床心理士自身が内的な枠を保つことができるかも問われてくる。心のアンテナを使いながら，家族とかかわり，スタッフと協働していくそのプロセスを支えていくためには，臨床心理士も何重にも守られていなければならない。周産期医療を中心に活動をおこなう臨床心理士を対象とした「周産期心理士ネットワーク」（丹羽，永田，2010）がその役割を担っており，相互に支えあいながら，周産期医療の中での心理的援助

の在り方の日本的なモデルが蓄積されてきている。また，周産期医療の中での臨床心理士の活動の広がりは，周産期医療領域の学会や研修会で，臨床心理士の活動を紹介し，多職種で周産期のこころのケアを一緒に考えてきた経過の中で生まれてきたものである。周産期医療の場自体が，家族と赤ちゃんの出会いと育ちをしっかりと支えていく場と整備されていくために，臨床心理学的な視点をフィードバックし，一緒に議論をしていく土壌を積み重ねていくことがこれからも求められているのではないだろうか。

文　献

橋本洋子（2011）NICUとこころのケア——家族のこころによりそって・第2版．メディカ出版．
橋本洋子（2006）NICUとこころのケア——家族のこころによりそって．メディカ出版．
永田雅子（2011）周産期におけるこころのケア——親と子の出会いとメンタルヘルス．遠見書房．
永田雅子（2014）家族支援．日本ディベロップメンタルケア（DC）研究会編：標準ディベロップメンタルケア．メディカ出版，pp.191-202.
永田雅子（2013）NICUにおける心理臨床．後藤秀爾監修／永田雅子・堀美和子編著："いのち"と向き合うこと・"こころ"を感じること．ナカニシヤ出版．
丹羽早智子・永田雅子（2012）臨床心理士——周産期心理士ネットワーク．特集：周産期医療を支える仲間たち——周産期領域で協働する職種（丹羽早智子・永田雅子），周産期医学，42(6)；773-776.
Stern DN (1995) The motherhood costellation : a view of parent-infant psychotherapy. Basic Books, New York. 馬場禮子・青木紀久代訳（2000）親－乳幼児心理療法——母性のコンステレーション．岩崎学術出版社，p.15.
財団法人母子衛生研究会（2009）母子保健の主なる統計．母子保健事業団．

第3章
出産後の家族への支援

母子保健領域での保健師との協働

金子　一史

1. はじめに

　近年，保健センターなどの母子保健領域において，臨床心理士として業務に携わる人が増えてきている。市町村に設置されている保健センターでは，臨床心理士との関わりが深い業務として，乳幼児健診や個別相談，虐待予防を目的とした母親グループなどの運営が行われている。臨床心理士は，それらの業務に保健師と共に参加することを通して，専門的な立場から，母親や家族に対して支援活動を行っている。また，母親と継続的に関わる保健師に対して，母親および子どもの心理的側面に関する専門的な助言を行っている。
　ここでは，母子保健領域で連携を取ることが必須となる保健師との協働について述べる。

2. 保健センターおよび保健所

　市町村保健センターおよび保健所は，地域保健法に基づいて設置されている機関であり，地域住民の健康の保持及び増進を目的としている。
　保健所は，都道府県・指定都市・中核市など，規模の大きい自治体に設置されており，広域的・専門的な保健業務を担当している。保健所は，対人保健サ

ービスに加えて，病院への立ち入り検査や食品関係施設への指導なども行っていることで知られている。また，市町村に設置されている保健センターに対して，技術的援助も提供している。

一方，保健センターは，市町村に設置されている機関であり，地域住民の健康と衛生を支える中心的施設である。健康相談や健康診査など，住民にとってより身近な保健サービスを提供している。保健所が，より広域的・専門的な健康課題を取り組む機関であるのに対して，保健センターは，住民により身近なサービスを，地域住民に直接提供する役割を担っている。

3. 母子保健領域での心理士業務

保健センターでは，子どもの発達全般にわたって様々な母子保健事業が実施されている。臨床心理士が保健師と共に活動することが多い事業としては，乳幼児健診の事後フォロー教室や個別相談，母親グループへの参加などがあげられる。

乳幼児健診のうち，1歳6ヶ月健診と3歳児健診は，母子保健法第12条で定められている健診であり，全ての市町村が実施している。このほかの時期に対しては，3カ月児や10カ月児を対象として実施されており，自治体によって実施時期や実施方法に違いがある。乳幼児健診は，保健師，医師，歯科医師，心理判定員らが，子どもの発育状況など，子どもの身体的精神的発達について確認する。近年では，発達障害や育児困難を訴える母親に対して，早期に介入できる機会として，その役割が重要視されている。児童虐待の早期発見，早期介入としての役割も大きい。

4. 個別相談の構造

ここで，筆者が担当している個別相談について述べる。個別相談は，乳幼児健診を受診後，子どもの心理発達的側面の精査が必要と判断された場合などに，心理士が母子に直接面接を実施している。また，乳幼児健診での短時間の面接では十分に母親の不安が解消されなかった場合などにも，心理士が相談に応じ

ている。その他にも，継続的に保健師が関わっているケースの中から，心理学的な精査が求められた場合にも実施される。他にも，これまでに乳幼児健診では特にスクリーニングされなかったけれども，電話で子どもの事を保健師に相談した際などにも，個別相談を勧められることがある。この場合，保健師もクライエントである母親と，個別相談の場で初めて出会うことになる。

　筆者が個別相談を担当している母子保健施設では，保健師と心理士である筆者の2名体制で，母親の来所に対応している。個別相談を実施している部屋は，12畳ほどの大きさがあり，2つのスペースで構成されている。入り口に近いスペースには，長机とパイプ椅子が4つ設置されている。奥のスペースは入り口側のスペースよりも15センチ程度の段差が作られていて，上には全面にカーペットが敷かれている。母子が来所する際には，カーペットのスペースに子どもが興味を引きそうなおもちゃをいくつか置いておく。母子が部屋に入ると，奥のスペースに置かれているおもちゃが目に入ってくるようになっている。子どもがおもちゃに興味を示したら，子どもに遊んでみるように促す。子どもが段差のところで靴を脱いで，カーペットの上でおもちゃを使って遊びだしたら，保健師が母親に椅子に腰掛けるように勧めて，入り口側のスペースで簡単な問診を始める。その間，筆者はカーペットの上で子どもと関わりながら，子どもの様子を観察する。

　保健師の問診が終わったら，母親は保健師と共にカーペットの上に移動する。保健師は筆者と交替して，カーペットのスペースに置かれているちゃぶ台に移動して，子どもと保健師が関わる様子を間近で見ながら，母親と面接を行う。母親との面接中には，子どもが保健師から離れて，母親や筆者の所にすり寄ってくるときもある。そのような際の母子のやりとりもあわせて観察しながら，母親との面接を進めている。

5．連携の実際

　ここで，事例を通して，保健師との連携のあり方を紹介する。なお，ここで取り上げる事例は，これまで筆者が関わった複数の事例を組み合わせて作成した仮想事例である。

事例1

　今回の個別相談の申し込みは，子どものかんしゃくを主訴として，電話がかかってきたことから，個別相談を勧めたとのことであった。これまでに，乳幼児健診でもフォロー対象とはなっていないとのことであった。子どもを保育園へ迎えに行かないといけないとのことで，面接の時間は，夕方の最も遅い時間に設定された。

　ところが，約束の時間になっても現れない。しばらく待っていると，15分程度遅れて，母親のみが来所した。子どもは近くの実家に預けてきたという。

　母親のみの来所だったため，保健師による問診が終わってから，そのまま保健師が同席して，筆者による面接が始まった。30代前半の母親は，4歳になる男の子と2歳の女の子，父親の4人家族であった。今回は，4歳の長男についての相談で，ちょっとしたことでかんしゃくをおこし，自分の言うことを聞かないとのことである。しまいには，マンションのベランダに出て「死んでやる」と叫んだりするというとのことである。

　母親が訴える話の展開が急であったことから，内容を正確に把握しづらいと感じていたところ，母親からこらえていた涙があふれ出てきた。みるみる顔に皺が現れ，入室した時には端正だった顔立ちが，感情の崩れと共に大きく歪んでいく。子どもの状況を話し始めたことで感情が揺さぶられてしまい，母親自身では，もはや気持ちを抑えることが出来ないようであった。筆者には，母親の余裕のない様子が，ひしひしと伝わってきた。

　「死んでやる！などとは言ってほしくないのに，そのような言葉を子どもが言うのが本当にショックで……」そのように訴えつつも，嗚咽によって，母親は言葉をうまく続けることができなくなっていた。母によると，通園している保育園ではそのような言動はみられず，保育士からは特に気になるような点を言われたことはないとのことである。

　母親の様子から，これ以上の細かな状況を聞き取ろうとしても，困難であろうと判断した。そのため，まずは母親がここまで奮闘しつつも，二人の子どもを育ててきたことに対して，ねぎらいの言葉をかけた。そして，子どもの様子も大変だと思われるが，母親自身の心身の健康も大切なことを伝えて，次回もこうやって話を聞くことが出来るので，再来してほしい旨を伝えた。幸い，

母親は筆者の提案に戸惑うことはなく，むしろ素直に了承した。同席していた保健師からも筆者と同様に，母親に支持的な言葉がかけられた。

　個別相談は，月に1回の頻度で年間計画が立てられているため，最短でも筆者が母親に会えるのは1カ月後となってしまう。リスクの高いケースの中には，支援者と継続的な関係を維持することが難しく，1回のみで支援関係が途切れてしまう場合もある。今回の母親の様子からは，1カ月後をのんびりと待っているような状況ではないことは明白であり，その点は，筆者と共に同席した保健師も痛感していることが伝わってきた。

　したがって，母親の住んでいる地域の担当をしている保健師がすぐに呼ばれた。幸い，母親の地域を担当していた保健師は，保健センター内での勤務についていたため，母親と対面することができた。事情を察したらしく，顔をこわばらせて入室してきたが，母親との顔合わせをして，母親にねぎらいの言葉をかけた。そして，利用できる地域サポート資源の紹介を行った。筆者は，次回の個別相談までに，何か困った事態になった際には，遠慮せずに担当の保健師に電話するように勧めた。

　母親が退出後に，母親担当の保健師，個別相談に同席していた保健師と筆者の3人で，意見交換を行った。筆者は，母親から充分な情報を収集した上での状況把握はできなかったものの母親の様子や家庭での状況から推測すると，虐待事例としてのリスクは高いと考えられる事を伝えた。母親の心理的安定のためにも，継続的な支援が必要なのに加えて，子どもの状況を確認する必要があることを確認した。母親担当保健師が，次回の来談までに，母親にフォローアップのためのコンタクトを入れることと，保育園での子どもの様子を確認する方針が立てられた。

　それから1ヶ月後の予約日に，母親は長男と妹の2人の子どもと共に来所した。長男は，こちらが声をかけると視線を少しだけあわせるけれども，母親の服の袖を握ったまま無言で立っている。母親に，カーペットの上に置かれていたおもちゃで遊ぶように促されると，ゆっくりとおもちゃの方へ向かった。けれども，足取りはどこかのっそりとしており，自分から望んで前に進んでいるのか，それとも母親に勧められたからという理由だけで足を運んでいるかとでも思われるような歩き方をしていた。

長男と妹は，保健師と一緒に遊んでいる間も，あまりしゃべることなく無言で静かに遊んでいる。しばらく時間がたってから，保健師がおもちゃを通してきょうだいと関わりを始める。子ども達は，全体的におとなしく，静かな関わりであり，他児と比べて感情の表出が明らかに少ない。

　母親によると，ここ1ヶ月で随分落ち着いて，子どもが「死んでやる」などと叫ぶことは，ほとんどなくなったという。前回の面接では，母親は全く気持ちに余裕が認められない状況であったが，今回はそれに比べると，母親にも落ち着きが明らかに認められた。

　筆者は，母親が述べたように，前回と比べて家庭の様子が落ち着いてきたと思われることを伝えた。一方，一時的に落ち着いたとはいえ，今後も状況が悪化することは，十分にあり得ると考えられた。そのため，次回も来所して相談を受けることができると伝え，母親の意向を確認してみることにした。すると，母親は，とりあえず落ち着いたので，大丈夫だと思うと述べた。

　母親の返答を聞いた筆者は，安堵したという気持ちが出るよりも，この段階でリスクが低下して大丈夫だと判断するのはやや早急であり，慎重になる必要があると思われた。そのため，もう一度次回の来所を強く勧めるべきかどうかどうか，逡巡した。

　結果として，筆者はこの段階で再度の心理面接を勧めることは控えた。現在は落ち着いてきたという母親の言葉を確認しつつ，支持的な言葉を再度母親に伝えた。同時に，一時的に状況は改善したけれども，また何時，同じ状況に陥る可能性もあり得るのではないかと，母親に伝えた。そして，今後の事も考慮すると，担当の保健師と相談しながら，子育てに取り組んでいくことを提案した。また，困ったことがあれば，遠慮せずに，個別相談を再度申し込むように勧めた。母親は，筆者の言葉をうなずいて聞いていた。以降は，保健師が母親の主たる支援者として関わっていくこととなった。

　事例1の考察：本事例では，子どもは来所せずに，母親のみで来談した。通常，個別相談では，母親は子どもと一緒に来談してもらう。臨床的な判断を行うためには，母親からの報告のみではなく，子どもの様子を直接観察することが欠かせない。また，子どもの様子に加えて，親と子の関係性についても，

目の前での関わりを直接見ることを通して把握することができる。個別相談という家庭状況とは異なった特殊な場面であっても，普段の家庭での様子が一定には表出されており，普段の家庭での親子のやりとりが推測できる。子どもの相談が中心である個別相談の場面に，母親のみで来談したことは，子どものみが問題ではなく，むしろ母親自身が支援を希求している強い表れであったと考えられる。

初回面接後に，筆者は保健師と今後の方針の確認を行った。次回の母親の来所は1ヶ月後であり，それまで心理士である筆者は母親に出会うことすら出来ない。事例1では，心理士単独の支援では限界が大きいと考えられたため，保健師を交えた体勢で，母親への支援を開始することとなった。同時に，筆者なりの見立てを保健師に伝えて，知見の共有を図った。

保健師は，家庭訪問や電話を実施することによって，母親の生活に寄り添いながら，母親をより身近な立場から支えることが出来る。それに加えて，保育園・幼稚園とも普段から連携を取っていることが多い。このように，保健師は，幅広い側面から母親と子どもを支えることができる点で，心理士とは異なった役割を果たすことが出来る。

2回目の来談時では，母親は，最も危険な状態を脱出したと思われ，子どもが落ち着いたので大丈夫だと思うと述べた。けれども，一時的に落ち着いたとはいえ，再び同様の事態に陥る可能性は高いと思われた。また，子どもの様子からは，子ども本人に対しても心理的ケアが提供されることが望ましいようにも考えられた。結果として，個別相談を再度勧めることは控えて，その代わりに，母親と保健師との繋がりを強化して，保健師に以後の支援を引き継いでもらうこととした。

事例2

30代前半の母親について，保健師から個別相談の依頼が入った。母親は，3歳になる男の子との2人暮らしである。男の子との実父とは，出産後しばらくして離婚していた。実家との関係も疎遠とのことで，実母の協力は期待できない。これまで，サポートが少ない状況での母親単独での子育てということもあり，保健師が継続的に関わりをもっていた。けれども，今回は精神的不調が

強く認められることもあり，担当の保健師の印象では，精神科受診が必要かもしれないと思っているという報告をあらかじめ受けていた。

　母親が保健師に伴われて，部屋に入室してきた。筆者が挨拶をしても，表情が暗く，伏し目がちに応える。一見してエネルギーが乏しいのが見て取れた。

　母親によると，ちょっとしたことでもすごくイライラするとのことである。最近は，以前に比べてひどくなった。自分でも訳が分からないぐらいイライラする。子どもが言うことを聞かないと，子どもを叩いてしまっている。子どもは，自分の顔色をうかがっている。自分も小さいときは，両親の顔色を気にしながら生活してきた。自分が嫌な思いをしてきたのに，同じ事を自分の子どもにしてしまっている。イライラして，子どもから離れて別の部屋に行くと，「ママどうしたの？」「怒ってる？　大丈夫？」と，子どもが聞いてくる。子どもも生まれたときから育てにくく，今でもかんしゃくがあったりして，手を焼いて疲労困憊しているとのことである。母親の面接中の様子としては，ぼそぼそと終始小声で話す。視線はほとんど合わせず，うっすらと目に涙を溜めていた。より詳しく話を聞いていくと，自分が大変な時には，この子と一緒に死んでしまいたいと思ったりするなどとも述べていた。

　母親へは，うつ病の疑いがあること，それによって気分の落ち込みがある状態で，物事のとらえ方が病気によって悲観的になっている可能性があることなどを伝えた。それらを踏まえて，精神科への受診を勧めた。過去にも心療内科クリニックへの通院歴があるとのことであった。けれども，その際に投薬を受けたもののあまり効果がなかったとのことで，精神科受診にはそれほど前向きとは感じられなかった。

　そこで筆者は，母自身の具合が悪い時には，担当保健師に遠慮せずに電話で連絡を入れるように勧めた。また，1ヶ月後に来所してくれれば，今回と同様に話を聞くことが出来ると伝えて，こちらとしても母親の状況を知りたいとの希望を伝えて，次回の予約を取り付けた。子どもはおとなしく保健師と一緒に過ごしていたが，感情は抑制的であり，笑顔を見せることなく1人で静かに遊んでいた。

　その後，担当保健師の勧めもあって，総合病院の精神科を受診し，うつ病と診断され，服薬治療を開始したことが，担当保健師から筆者に伝えられた。担

当の保健師は，医療機関へも無事に繋げることが出来たことで，安心したとのことであった。母親に対しては，育児の負担を軽減する目的で，一時保育や保育園の利用を積極的に考慮する方向であることが報告され，筆者としてもその方針を支持した。なお，1カ月後の個別相談の予約は母親からキャンセルの申し出があった。以後については，保健師によって継続的な支援が続けられることとなった。

事例2の考察：本事例の母親については，初対面の印象からも，既に一見してエネルギーの乏しさが顕著であった。話を伺っていく過程で，気分の落ち込み，易怒性としてのイライラ感が認められ，希死念慮も認められた。希死念慮の内容からは，すぐに精神科入院が必要なほどではないと思われたけれども，本事例は，うつ病が強く疑われた。そして，精神科による服薬治療の適応であろうと考えられた。

心理士の大きな役割の一つに，養育者や子どもに対する見立ておよびリスク評価があげられる（西園，2014）。事例2の場合は，母親のメンタルヘルスに対する心理アセスメントを実施する事が求められた。母子保健領域では，心理検査などを用いて，時間とコストを十分にかけたアセスメントを実施することは，現実的な制約から難しい。短時間で見立てやリスク評価を行うこととなる。そのような中で，事例2においては，母親に深刻な病理が認められ，投薬治療を含めた精神科による医学的治療が望ましいのか，それとも，環境調整を主体にこれまでの保健師による支援を継続することが推奨されるのか，臨床心理士としての判断を求められた。

また，事例2では，母親が精神科を受診した後も，担当保健師による関わりは継続された。精神科治療へ無事に繋がったのは，うつ病を患っていた母親を支える大きな柱が増えたことを意味する。けれども，精神科治療だけでは，本事例を支えることは不十分であった。したがって，精神科に繋げたからといって，母親へのこれまでの支援が終了となることはなく，保健師による関わりは継続されることとなった。さらに加えて，一時保育や保育園の使用を検討するなど，さらなる支援体制を整える方向が，スタッフ間で確認された。

6. 多職種で協働する際の留意点

ここからは，多職種で協働する際の留意点を，筆者の個人的経験や見解も交えて，述べてみる。

1. ケース以外のコミュニケーション

多職種との連携や協働は，何も無いところからいきなり始まる訳ではない。それまでの日常での何気ないコミュニケーションがあって，初めて連携や協働が開始される。連携や協働が始まるためには，当たり前のことではあるが，顔が見える関係でいることが重要である。つまり，連携や協働を実施するためには，普段から顔が見えるコミュニケーションを取っている必要がある。

保健センターなどの母子保健領域で活動している臨床心理士の大多数は，非常勤の形態で勤務している。したがって，常勤職として毎日勤務している状況とは異なり，保健センターに勤務している保健師と接する機会が少なくなりがちである。つまり，接する機会が限られている状況の中で，コミュニケーションを取っていく必要がある。

したがって，相手から話しかけられるのを待っているだけでは不十分である。自分から積極的に多職種とコミュニケーションを取るために，相手に自分から話しかけていくことが肝要である。この点は，これまで繰り返し言われており，強調しすぎることはないだろう。

最初は，業務に関する事務的な連絡が中心となるように思われる。もちろん，この段階で社会人としての常識的なコミュニケーションが取れない場合は，連携や協働まで進展することは難しい。一方，事務的な連絡だけを適切にこなしていたとしても，ケースを伴う連携や協働には進みにくい。

連携や協働に至るようになるには，事務的な連絡の段階から，次の段階に進んでいく必要がある。次の段階として，生活や日常に関する雑談や世間話を楽しむことができるかという段階があるように思われる。雑談の重要性は，これまでにも指摘されている（例えば，丹治，2004 など）。業務やケースとは関連の薄い世間話であっても，雑談を通して自分自身の人柄が相手に伝わる。お互

いの地元や出身地の話などを通して，意外な所で共通点が見つかり，それまでの距離感がぐっと縮まることもあるだろう。時には，日常の臨床業務での個人的な印象など，より専門性に関連する話題を話すようになる。

そのような中で，保健師が担当している事例のちょっとした相談が持ちかけられるようになる。つまり，しっかり設定されたミーティングではなく，普段のつきあいの中で担当事例についてのちょっとした相談が持ちかけられる。このようなちょっとした相談の重要性も指摘されている（北村，2013）。

これらの普段の会話が積み重ねられることによって，次は事例を直接心理士に繋げてみようという依頼に繋がっていく。ちょっと話しかけられる人であること，どう思うかを気軽に話しかけられる人であることとして，身近にいることが重要とされている。

なお，職場で開催されている懇親会などへの参加を打診された場合は，格別な理由がない限り，喜んで受諾しておくと良い。懇親会に参加することで，普段交流する機会が限られるという難点を補うことができる。普段は十分に接することができない相手と親しく交流する機会が持てることで，心理的な距離を近づけることができる。なにより重要なのは，相手から「仲間である」と認められることがあるように思われる。このように，通常であれば時間がかかる作業を，懇親会に参加することによって時間を短縮して進めることができる点で，利点が大きいと思われる。

2．他職種への伝え方について

他職種と連携をする際には，専門用語の扱い方に十分注意する必要がある。専門用語は，同業者との意思疎通には必要不可欠なものであり，専門家同士で適切に使用している限りでは，特に大きな問題となることは無いだろう。ところが，他職種に対して専門用語をそのまま用いて説明しても，期待通りに理解してもらえることは決してない。したがって，専門用語をそのまま用いるのではなく，他職種にも理解できる言葉に置き換えて，丁寧に説明することが要求される。実際に，他職種に対して専門用語をそのまま使用せずに伝えようとしたら，想像以上に難しいことに気づかされる。専門用語を適切に言い換えることができないとすれば，自分自身がその概念を理解できていないことを示して

いる（川瀬，2004）。

　他に重要な点として，相手の受け取り方に注意を払って伝えることがあげられる。筆者は，過去にある保健師から，定型発達児の言葉獲得のプロセスについてちょっとした相談を受け，筆者の見解を求められる機会があった。質問を投げかけた保健師は，心理学領域での学術的な知見とはやや異なった理解をしているのではないかと思えたので，その旨を自分としては伝えた。ところが筆者は，相手がどのように受け取るかという点に注意を払う事を怠り，ついストレートに伝えてしまった。そのため，質問を投げかけた保健師は，自分の見解が受け入れられなかったと否定的に受け止める結果になってしまった。

　誰しも，頭ごなしに自分の意見が否定されるのは，容易に受け入れることができない。例え相手に誤解がありそうだと思われても，相手が傷つくこと無く誤解を解きながら，かつ伝えた内容を受け入れてもらえるように，その伝え方には細心の注意を払う必要がある。それ以降，保健師などの他職種からの質問に対しては，特に伝え方に注意して返答するように心がけている。相談をもちかけられた時の対応の良し悪しによって，今後の連携がスムーズに進むかどうかが変わってくるためである。

3. 心理職と保健師の専門性の違い

　多職種で連携や協働を行う際には，お互いが高い専門性を維持しつつも，相互の技能や専門的役割を尊重することが大切となる。

　母子保健領域において，心理職に期待されている専門的な役割としては，子どもの発達障害や母親の精神障害の見立てと，今後の援助方針の確立があげられる。事例1では虐待のリスク評価が，事例2では母親の精神障害のアセスメントを実施する事が求められていた。このように，個別相談を依頼されるケースに対しては，見立ておよびアセスメントの機能が，特に大きくなるように思われる。

　心理職の専門的な役割としては，アセスメントの機能に加えて心理療法があげられる。クライエントである母親に対して，継続的な個人面接よる心理療法を実施する場合などが当てはまる。近年では，虐待予防を目的とした親グループに，心理職がファシリテーター役として参加することも多くなってきている。

この場合は，集団心理療法という形態によって，心理職による専門的な介入が行われる。

　一方，保健師の専門的役割には，家庭訪問など地域住民の生活の場に入った活動を通して，対象者の支援を行うことがあげられる。事例1では，家庭での状況把握を目的として，保健師による家庭訪問や電話による状況把握が実施された。保健師は，家庭という母親の生活場面に直接入っていくことができ，時には育児に関する具体的なアドバイスを伝えるなどを通して，母親を現実的な側面から支援することができる。この点は，面接室という生活から一定に距離がある場面でクライエントを援助する心理職とは，役割が大きく異なっていると言える。

　また，事例1では保育園との連携が，事例2では，医療機関との連携が保健師を通して行われた。関係機関との橋渡し機能は，心理職の役割に含められることもある（川瀬，2000）。今回は保健師が，事例1では保育園と，事例2では母親と既に継続的な関係を構築していたことから，連携の橋渡し機能を務めることとなった。心理士と保健師の役割が重なるような場合は，状況を勘案して役割分担を行うことが肝要と思われる。

4．保健師の異動に関して

　保健師は，異動が多い職種である。保健所や保健センターの運営母体は，自治体である都道府県や市町村となるため，公務員としての異動が避けられない。異動には，自身の職域を広げることが出来たり，一箇所に長年留まることによる弊害を避けることができるという利点がある。その一方で，同じ人物がケースの担当者として長期的に支援を続ける体制をとることは困難であり，数年ごとに担当者が交替する事態が避けられない。同じ保健センター内での異動となっても，母子保健業務から老人保健業務へと，異なった対象者層に対する業務に移ることは，それほど珍しくない。

　保健師は，保健学を修めている点では皆共通であるとしても，全く同じ保健師は存在しない。人柄は，十人十色で千差万別である。したがって，クライエントである母親や家族と同様に心理士も，新しい担当者と再度はじめから関係を築いていく必要に迫られる。

時には，非常勤として勤務している心理士の方が，異動がある保健師に比べて長期に渡って事業に関わっているという，矛盾した事態も起こることがある。そのような場合は，前担当者からの伝達のみでは十分に引き継げていない事柄に関して，できる限りの情報を提供したり，これまでの知見を伝えたりするなどして，事業の運営やケースの支援に対して積極的に貢献することが求められる。異動直後は，誰しも勝手が分からず，苦労することが多い。他職種がちょっとしたことで困っているときに，手をさしのべることができるかどうかで，相手から信頼されるかどうかは大きく異なってくる。事業やケース支援の継続性に関して，保健師の異動に伴う難点を，心理士が繋ぐことを努めることによって，補える機会と捉えることができるかもしれない。

7. おわりに

単独では，臨床心理士はクライエントである母親と子どもに出会うことができない。個別相談などの場で母親と子どもに出会うには，必ず，臨床心理士に相談してみてはどうかと勧めてくれた人がいる。つまり，保健師をはじめとする多職種の働きかけがなければ，臨床心理士が期待されている専門職としての役割を果たすことは，全く不可能である。その点に留意するならば，的が外れている紹介だと紹介者に対して不平不満を述べることはありえない。

多職種によって臨床心理士と繋がった家族は，臨床心理士のところにそのまま留まるのではなく，臨床心理士の働きかけによってもまた，保健師や他の支援機関の多職種へと繋げられていく。臨床心理士は多くの他職種によって支えられてもいるし，多くの他職種を支える役割があるとも言える。今後はますます，多職種との連携と協働を求められる機会は増えていくだろう。心理アセスメントや心理療法の専門技術の習得はもちろん大切ではあるけれども，心理アセスメントや心理療法を習得さえすれば，心理職として機能できるとは限らない。心理職としての専門的技能が，絵に描いた餅とならないためにも，多職種との連携に努めることが大切であるように思われる。

文　献

川瀬正裕（2000）育児困難事例に対する臨床心理士の役割．心理臨床学研究，18；465-475．
川瀬正裕（2004）保育者との連携．心理臨床実践における連携のコツ．星和書店．
北村麻紀子（2013）医療場面での関係作り―チーム医療の中で関係を作る．臨床心理学，13；803-806．
西園マーハ文（2011）産後メンタルヘルス援助の考え方と実践―地域で支える子育てのスタート．岩崎学術出版社．
丹治光浩（2004）連携の成功と失敗．心理臨床実践における連携のコツ．星和書店．

第4章
幼児期の子どもへの支援

巡回指導における保育士との連携

瀬地山　葉矢

1. 幼児期の発達とその育ちに関わる家族

　幼児期は発達的変化のめざましい時期である。その変化は，身体，運動機能，精神，言語能力など多領域におよぶ。これらの発達のある部分は遺伝的基盤に由来しながらも，他者との関係性など子どもを取り巻く環境のなかで刺激や経験を得ながら育まれていくものでもある。基本的な生活習慣を身につけ，大人との関係を通して世界を広げていくのもこの時期である。発達は，一人ひとりその発現時期や経過の異なる個性に富んだものである。ところが，一般の育児書，保育所・幼稚園，幼児教室などの多くは，平均的な発達経過をたどる子どもたちに合わせた内容になっていることが多く，そのため親は，そうした「標準」に照らしながら，わが子の育ちや自身の育児についてあれこれ思いを巡らすことになる。

2. 子どもや家族への支援の意義－なぜ支援が必要か

　すでに30年以上も前の調査になるが，牧野（1982）は，乳幼児の子どもをもつ母親を対象にした調査で，「育児不安」の実態を明らかにした。今現在も多くの調査データが示すように，子育てに対して不安・負担感を抱く親は少な

くない。家族が子育てに感じる負担は、時代を経てもさほど変わらないようである。

「妊娠出産子育て基本調査」(ベネッセ教育総合研究所, 2013) によると, 0, 1, 2歳児の子どもを持つ母親のうち「子どもを育てることに充実感を味わっている」に「あてはまる」と答えている母親は50.7％, これに「ややあてはまる」を加えると85.8％であった。「子育てが楽しいと心から思う」に,「あてはまる」と「ややあてはまる」を合計すると74.7％となっている。その一方で,「親としてそれなりにうまくやれていると思う」や「子育てに自信が持てるようになった」では, それぞれ48.3％, 32.7％にとどまり, さらに「子どもがうまく育っているか不安になる」,「子どものことでどうしたらよいかわからなくなることがある」では, それぞれ48.0％, 40.2％という結果であった。多くの母親が, 子育てに充実感や楽しみを感じながら, 一方では不安や戸惑いを感じつつ子どもに関わる姿が浮かび上がる。このことからも, 乳幼児のいる家族への支援は, 特定の「問題」を抱えた家族のみを対象にするのではなく, それぞれの家庭や親子のニーズに沿ったさまざまな水準の支援のあり方を考えるのが現実的と言えよう。

児童相談所が報告する児童虐待相談も増え続けている。保育白書(全国保育団体連絡会・保育研究所編, 2014) は, 虐待相談における子どもの年齢の特徴として, 就学前の子どもの割合が全体の半数近くを占めていること, したがって, 保育所・幼稚園がその子どもや家族にかかわる可能性が非常に高いと思われることを指摘している。

虐待は, 経済問題(貧困), 社会的孤立, 親のメンタルヘルス, 親の知的障害, 子どもの障害, DV等の問題を背景に起こることも多く, これらのリスク要因が重なり合った「複合的困難」として捉えられる。そのため親・家族の努力だけでは, 解決の難しい問題が多い。

以上のような親・家族の抱える困難は, そのまま, 子どもたちが直面する現実の問題にもなっている。子どもたちと家族の抱える困難は多様化している。子どもや家族への支援が, 現場において現実的な意味をもつことは確かであり, 実際に保健, 医療・療育, 保育, 福祉, 教育, 司法等の各領域および関連機関において支援が行われている。発達早期(乳幼児期)の子どもや家族に支援を

することで，抱える困難の軽減をはかる，問題の複雑化を未然に防ぐことが期待されている。

臨床心理士子育て支援合同委員会（馬場, 2010）でも，臨床心理士による子育て支援の対象として，乳幼児と養育者の双方を挙げ，さらに子育てに関わりの深い保育，保健，医療など他職種への援助を挙げている。臨床心理士が関わることの多い子育て支援領域の代表的なものとしては，①保健センター・保健所，②療育に関する施設，③医療機関，④その他の公的相談機関，⑤保育園・幼稚園，乳児院・母子生活支援施設・児童養護施設などがある。この中から本稿では，保育所において保育士との連携のもとに行われる子ども・家族支援について取り上げてみたい。

3．ある保育所での心理相談員としての関わり

筆者は，後に述べる保育所での巡回指導に関わる以前，ある民間保育所で心理相談員として週1回勤務していた。非常勤とはいえ毎週同じ保育現場に入り，子ども，保育士をはじめとする職員，保護者のはざまで心理的援助に携わる。このことにより学ぶことは多かった。

当時の筆者の仕事は，保育士から申し出があったり，筆者がクラスをまわって気になった子どもの様子を観察し，保育士の考えやこちらのアセスメントをめぐって対話を交わすことであった。保護者との面談も重要な仕事であった。いずれも立ち話や職員室の片隅で対話を交わした。これは伝統的なカウンセリングや心理療法に求められる面接室の構造とはかけ離れたかたちだが，現場では，従来のスタイルを固持することよりも，時には現場の実情に合わせてかたちを変える柔軟さが求められる。

他にも障害のある子どもをもつ保護者が中心になって運営する親の会への参加（月1回），さらには，園内の職員たちが参加する「要観察児のまとめ」と称する会議（年2回）の運営にも携わることができた。この会議は，園内の保育士が，自分のクラスの気になる子どもについて，普段の保育の様子，困っていることなどを報告するもので，参加者は子どもの保育記録を閲覧しながら，それぞれの立場から得られた子どもや家族に関する情報を補足したり，各自

の考えを担任に伝えていた。新人からベテランまで園内の全保育士が参加する，現任者研修の場であり，日頃忙しい保育者が顔を合わせて話し合う貴重な機会でもあった。筆者にとっても，保育士たちの日頃の思いや悩みに触れる機会であった。

4. 保育所という現場

1. 集団生活の場

　子どもの家族や保育士から，「子どもが保育園に入ってからずいぶんと成長した。変化した。」という話をよく耳にする。保育所・幼稚園等の施設では，集団生活を通じて，家庭では体験できない社会や文化にふれることになる。そのため，子どもの発達・心理的問題に周りの大人が気づくのは，保育所・幼稚園等での集団生活を通じてという場合も多い。しかしその一方で，偏食のひどかった子どもが，園で友だちや先生と給食を共にするうちにだんだんと食べられる物が増えてきた，などという話しには事欠くことがない。入園前，親があれこれ工夫して作った食事を子どもがちっとも食べてくれず，困り果てていたというのに。しかもその成長・変化は，食事だけにとどまらず生活面，対人関係や社会性，言葉などさまざまな領域に及ぶことも稀ではない。集団生活の場のもつ力をあらためて実感する時である。

2. 生活支援ベースの心理臨床実践

　保育所生活はそこに通う子どもや保護者にとっては，日常の一部である。カウンセラーにとってそれは，彼らの日常生活に比較的自然なかたちで関与することのできる場であると言える。近年の心理臨床の現場の広がりや多様化にともなって，心理臨床実践も，それまでの非日常的な場や関係をベースとした心理臨床から，生活支援ベースの心理臨床へとその裾野を広げつつある。スクールカウンセリングをはじめ，この生活支援ベースの実践知も地道な積み重ねによって次第にその厚みを増してきている。保育現場からの報告もまた，それら実践知を豊かにするものでありたい。

3. 職員と保護者との距離の近さ

　保育所・幼稚園等の施設が小学校以降の教育機関と異なる点の1つに，職員と保護者との距離の近さがある。子どもの送迎のため，保護者は園あるいは園バスの発着場所まで足を運ぶ。保護者と園職員とが顔を合わさない日はない。送迎時の挨拶や立ち話を含めると，コミュニケーションの機会は毎日のようにある。そうしたささやかな交流の積み重ねによって，互いの信頼関係と理解を深めることが可能になる現場である。このような保育士による子ども・家族理解は，子どもたちの進学先である小学校においても有効に活用できるはずである。入学後に控える教師や友人たちとの対人関係面での支援，学習面での支援に役立てたい。

4. 三者構造を生かす

　送迎時など，園内で親子が関わり合う場面に，保育士やカウンセラーが加わると三者関係ができあがる。親子二者のやりとりを保育士やカウンセラーなど第三者が眺めるという構図になる。これは二者間のみの閉じた交流とは全く異なるものである。園の職員は，毎日の子どもの送迎場面を目にするだけでも，そこに「親子」や「家族」の姿を垣間見ることになるが，この第三の位置に立つ者は固定化しない方がよい。三者が自由に入れ替わりながら互いに第三の位置に立てることが必要である（森岡, 2010）。親子の会話を保育士やカウンセラーが見守る。子どもが保育士と会話する姿を親が眺める。カウンセラーが親に話しかける様子を子どもが見つめる。親はわが子と保育士のやりとりを見て，日頃の子どもとのやりとりをふり返ることになる。保育士やカウンセラーは，親子のやりとりに関与しつつ，両者の思いや気持ちをつなげる働きをしたい。

5. 多様な職種との協働・連携

　保育所には，保育士をはじめ，給食調理員，用務員，看護師など多様な職種の職員が勤務している。それぞれの職員が自身の役割を通じて子どもや保護者と交流し，それぞれの視点からの子ども・保護者理解をもっている。その多様な視点を生かした心理臨床実践でありたい。

　保育臨床，学校臨床の現場では，問題の多い困難なケースほど，担当者や

担任1人で抱え込むのではなく，チームで対応するという考えが浸透しつつある（青木，2012；小泉，2011）。ただしこれは，全員が当該児にまんべんなく関わるというありかたではなく，それぞれの役割をしっかりと定義することが重要である。それぞれの役割があいまいなままでは，連携も不可能になる。担任は何をするのか，園長やその他の職員は何をするのか，そのような意味での定義，役割を明確にする。そのように範囲を区切ることで異なるセクションとつながることができる。いったん区切ることで連携が可能になる（森岡，2011）。

5．名古屋市の統合保育と巡回指導

わが国では，1974年に障害児保育が制度化されて以来，多くの自治体で保育所における障害児の統合保育が実施されるようになった。それに伴って巡回指導（他にも「巡回相談」など地域によって名称が異なる。以下，筆者がその任についている名古屋市の呼称にならって巡回指導と表記する）も徐々に普及し，現在までに全国の自治体の69％で実施されるようになっている（全障研障害乳幼児施策全国実態調査委員会, 2001）。巡回指導とは，臨床心理士，医療関係者，臨床発達心理士，大学で臨床心理学，発達心理学，障害児教育等を担当する教員などが，行政機関からの委託を受けて，定期的に地域の保育所を巡回し専門的な援助活動を行うものである。

名古屋市でも1978年4月に障害児受け入れ事業がスタートし，それと同時に巡回指導（スーパーバイザー制度）が実施に移された。臨床心理士を中心に児童精神科医師，言語療法士などの発達臨床の専門家が巡回指導員（スーパーバイザー）を務め，1人につき平均して7～8か園の障害児受け入れ園を担当し，そこに対して年間2回の巡回指導にあたる。主に，子どもの観察とアセスメント，保育者とのコンサルテーション，保護者との面接を行うというものである。名古屋市の統合保育とスーパーバイザー制度の詳細については，後藤（2013）を参照いただきたい。

6. 臨床心理士による巡回指導

最近では，子ども・家族に対して多方面からの支援が行われるなか，臨床心理士はそこにどのような専門性をもって関わることができるだろうか。馬場（2010）は，子育て支援において臨床心理士の特質を生かしてできることとして，①状況と来談者に関するアセスメントと対応策の助言，②養育者への援助，③乳幼児への援助，④保育，保健，医療など他職種への援助を挙げている。このアセスメントについて，青木（2012）はさらに，従来のアセスメントは一つの専門的見地から一貫して結論を導くイメージが強いのに対し，子育て支援現場ではそれとは異なるアセスメントの文脈が存在すると指摘する。保育所など福祉領域でのアセスメントの場合，多分野の専門家たちによる協議によって結論が導かれていく。そして多分野の専門家と協議する際，臨床心理士が行える中心的なアセスメントは，乳幼児の発達に関わる部分であると述べている。

7. 巡回指導における相談

1. 保育所側からの主な相談内容

保育士からの相談の主なものとして，次のようなものがある。①相談対象の子どもの発達水準の理解に加えて，その水準が同年齢の子どもと異なる場合（たとえば基本的な生活習慣，課題への取り組み方，人とのかかわり，遊びの内容などにおいて），本人に対してどのような配慮をするべきか，また本人への配慮の必要性を他児に対してどのように説明するべきかというもの。②本人や他児に危険や危害が及ぶような行動に出た場合の対処について，③保育士と家族との間で，子どもの様子や状態についての理解にズレがある場合の対応，などがある。そもそも保育所と家庭とでは環境が大きく異なるため，集団生活の中では目立つ行動も，家ではさほど気にならないといったことが少なくない。

巡回指導の際，いずれの事例においても子どもへの対応のあり方だけでなく，それに対応する保育士の思いや保護者の考えにも耳を傾けたい。たとえば子ど

もの現状を理解しつつ，園の方針や「皆と同じようにやらせてほしい」という保護者からの期待を受けて，両者の狭間で葛藤する保育士も多い。また園児の様子を観察する際に，クラス全体の雰囲気や様子，友だちどうしの関わり方にも目を向けたい。

2. 保護者からの相談内容

保護者からは，①子どもの発達状態やそれへの対応，今後の見通しについて知りたいという相談のほかに，②他の友だちと同じことができるようになってほしい，友だちのなかに入っていっしょに遊んでほしいという訴えが多い。また就学前になると増えてくるのが，③就学までにしておくべきことや小学校やクラスの選択（特別支援学校か小学校か，あるいは普通級か特別支援級か）についての相談である。

巡回指導では，保育士・巡回指導員からみた子どもの発達状態やクラスでの様子を伝えたうえで，進学予定の小学校の支援体制，普通級および特別支援級それぞれの利点や不十分な点を確認していく。これら子どもの発達状態の理解とその対応，進学先をめぐっては，両親・家族間で意見が分かれることもしばしばである。そのため最終的に保護者が判断・決定をしていけるよう各自の考えをふまえて現状を整理することも巡回指導員の役割である。

3. 保育者にとって相談ニーズの高いその他の事例

巡回指導では，本来相談の対象になっていない子どもについての相談も多い。年齢は他児との関わりが活発になる2歳前後から就学前の年長児までと幅広い。相談の内容としては，保育者から見て気になる行動や顕在化している問題行動の原因，保育者としての対応を問うもの，また今後保護者に対して，子どもの問題についてどのタイミングでどのように伝えていけばいいか，などがある。具体的には，「多動や衝動的な行動がみられるが，発達障害によるものなのか，それとも家庭環境などの影響によるものか」といった質問や，「保護者に子どもの気になる行動を伝えても，『家では落ち着いている』と言われ取り合ってもらえない」などである。

このようなかたちで相談にあがる子どもたちは，未だ療育機関や医療機関等への相談・受診等には至っていない段階のことが多いが，実際には保育者にと

って相談ニーズの高い対象者たちでもある（渡辺, 2014）。この段階での保育者による子ども・保護者への細やかな関わりは，その後必要に応じて専門機関に相談する際の足がかり（橋渡し）にもなることから，非常に重要な時期であるといえる。ただし，保育者からの訴えにもあるように，それは必ずしも保護者のニーズとは一致しないことから，子どもの様子を注意深く観察しながら，まずは保護者との関係を丁寧に築いていくことから始めたい。

以下に事例を紹介する。ここに挙げた事例は，これまで筆者が巡回指導で出会った事例にしばしば見られる内容を集めてつくりあげた架空のものである。いずれの事例も，最初の＜保育園＞と＜保護者＞の項目に，保育士と保護者それぞれがあらかじめ書類に記入した相談内容を記し，続いて，巡回指導の場でやりとりされた内容の概要を記している。

【事例1】A君　4歳・男児　ADHD

＜保育園＞
- 高い所に登ったり，興味のあるものが目に入ると，周囲を気にせず目標物まで全速力で走っていく。その都度危険であることを伝えてはいるものの，またすぐに同じことを繰り返してしまう。
- 給食のあとかたづけや朝の身支度などの途中で，他の遊びに行ってしまう。「いっしょにやろう」と声をかけても，「先生やって」と言ったり，走って逃げてしまう。

＜保護者＞
- 友だちや弟を叩いたり蹴ったりする。
- やりたいことがあると，その時にやらないと気がすまない。

＜行動観察＞
しょっちゅう自分の上着を噛んで汚してしまうというA君は，胸のあたりにタオルをぶら下げていた。その姿からは衝動や感情をコントロールすることの難しさ，またA君自身の思いを適切に表現し，受け取ってもらうことの困難な様子が伺えた。

自由遊びの時間，A君は，自分のクラスと隣のクラスを行ったり来たりし

て，居場所が定まらない様子であったが，その間，担任との間に関わりはなかった。時々，他の友だちが遊んでいるところへフラッと加わるもののしばらくすると離れてしまうなど全体的に友だちとの関わりが少ないうえに，担任によると友だちからのＡ君への評価は否定的なものであった。

　隣のクラスでＡ君は，ほかの子どもたちに混じってそのクラスの担任を囲んで何か話しかけたり，お気に入りの迷路の絵本を１人眺めて過ごしていた。隣のクラスの担任は，昨年度のＡ君の担任だったこともあり，Ａ君にとって安心できる存在であった。

　　＜アセスメント・支援目標——巡回指導場面でのやりとり：担任・主任保育
　　　士・筆者による三者面談＞

　Ａ君は，多動や衝動性が顕著であり，またそのことにより友だちもＡ君との関わりがうまく持てず，Ａ君もまたクラスになじめないでいた。保育士や保護者は，その衝動性に伴う危険からいかに本児や友だちを守るかについて悩んでいたことから，衝動性への対応に加え，長期的目標としては，クラスの一員として活動に参加し，友だちといっしょに活動する楽しみを味わうこととした。

　衝動性が高い子どもの場合，視界には目標物しかなく周囲の状況が見えていないことも考えられる。４歳という年齢であればなおのこと「これをするとどうなるか？」と結果を考えるよりも先に，目標物が目に入ると瞬間的に身体が動いてしまう。すでに担任や主任保育士は，その都度危険性についてＡ君に伝えているとのことであったが，それに加えて応急対応として次のようなことを試してみて，効果のあるものを続けていくことにした。たとえば①「この部屋に入ると，きっと○○に向かって走っていくだろうな」ということが予想される場合に，事前にＡ君にどういう行動をとると良いかを簡単なルールにして伝えておき，それができたときにはしっかりと褒めること，②園内で本児がよく行く危険な場所には，見てわかる絵やマークを貼って，近づいてはいけないことをＡ君に知らせること，③禁止や制限に代わるものとして，園の中で身体を大きく動かす遊びや本児が楽しいと感じる遊びを取り入れていく，などが提案された。

　給食のあとかたづけや朝の身支度などは，複数の作業から構成されているた

め，まずはそのうちの1つに取り組み，できたらしっかりと褒めるところから始める，こうした関わりもまたA君と担任との関係づくりにつながることを伝えた。さらに同様のやり方で，家でも何か1つあとかたづけに取り組んでもらうことにした。

　本児が叩いたり蹴ったりする相手は，特定の友だちであり，弟を除いて自分より歳の小さい子には優しく接しているという。本児への関わりが注意すること叱ることだけに偏らないよう，叩くことはいけないことを伝えるだけでなく，友だちや弟とのどのようなやりとりの時に手が出やすいのかをよく観察し，叩いた場面で本児が抱えていたであろう気持ちを保育士や親が代弁しながらしっかりと受け止め理解すること，そして叩くことに代わる方法として，言葉による伝え方を具体的に教えること，弟など言葉で伝わりにくい相手のときには先生や家族を呼びに行くなどの方法をA君に伝えることにした。この他に，担任が間に入ってA君の好きな絵本や遊びに友だちを誘うなど，担任がA君と友だちとの間の橋渡しを密に行うことで，A君がクラスの一員として集団参加できることをめざした。

　次の事例は，2年に渡って筆者が担当した事例である。計4回行った巡回指導のうち，保護者も面談に加わった2回分を以下にまとめた。本事例は，母親が外国籍であり，片言の日本語は話すものの，面談の際，主に話をするのは父親の方であった。

【事例2】　B君　4歳・男児　発達の遅れ　1回目の面接
＜保育園＞
- 友だちのすることに興味を持ちはじめ，加わろうとするものの，遊びの質の違いから結局平行遊びになってしまう。発達の違いがあっても関わりがもてるようにするにはどうすればよいか。
- 保育士からの声かけの内容がわかっていても，クラス全体への声かけだと自分は動かなくても良いと思っているところがある。全体への声かけで動くようになるにはどうすればよいか。

＜保護者＞
- 保育園で皆と同じようにしてほしいが，友だちのなかにうまく入ってい

けない。1人だけ集団から離れていることが気になる。
- 小学校はどうなっていくのかが心配でアドバイスがほしい。今は，普通級は難しいと考えているが，この先どうすればよいかがわからない。
- 本人が成長するために，親として何をどう手伝えば良いのかを知りたい。

＜行動観察＞
　B君は，2歳児クラスに入園したときから，全体的な発達の遅れがみられた。現在，通常の歩行に問題はないが，階段になるとややスピードが落ちて移動に時間がかかる。手先が不器用で，着がえも1人では難しく保育士の手助けを必要とする。保育士からの言葉かけは，単語や短い指示であれば理解できていた。

＜アセスメント・支援目標－巡回指導場面でのやりとり①：両親・担任・筆者による面談＞
　まず父親から，C君について気になっていることを話してもらったところ，「やれることもあるのに，本人の甘えから，みんなとはいっしょにやろうとしないことが気になる。どうすれば同じようになるのか」と同年齢の子どもたちと同じように行動できないことに困惑している様子であった。
　一般的に4歳児の遊びともなると，役割交代やルールの理解など，より複雑なやりとりが求められるようになる。さらに男児の場合は動きの激しい遊びも増えてくる。そこで筆者からは，B君が皆と同じように動かないのは甘えだけでなく，活動内容によってはついていくことが難しいこと，今は保育士との二者関係を基盤にしつつ少しずつ関わりあいや活動の範囲を広げていく時期であることを伝えた。実際B君は，友だちへの興味も持ち始めていることから，保育士が間に入り，世話好きな子どもたちにも誘ってもらいながら遊びに参加する，その際友だちがすでにスタートさせている遊びにB君が加わるだけでなく，B君が遊んでいるところに，別の友だちが参加できるよう保育士から声をかけてもらうことにした。そして長期的目標としては，小学校への入学に向けて，身辺自立を1つずつはかっていくこと，とした。
　クラスの友だちと同じように何かに取り組む，集団での活動に参加するという時に，それを可能にするのは，本人の能力だけでなく，その時の気分や意欲，

さらには友だちと共にいたい，いっしょにやりたいという仲間への興味関心の強さ，また友だちの側のB君に対する思いなど，対人関係上の発達や課題も大いに関係する。B君が保育士からのクラス全体への声かけで動くようになるには，単に指示内容を理解しているだけでなく，B君個人への声かけをしながら，全体的な発達を見守る必要性についても話し合った。

小学校のクラス選択については，本児の発達状態のほかに，入学予定の小学校の受け入れ体制について確かめておく必要があることから，小学校に子どもを通わせている先輩保護者から話を聞いたり，小学校の先生との面談を通じて，その学校の普通級ではどこまで支援が可能か，その支援の範囲で本児が困ることは何かを具体的に把握する必要があることを伝えた。

両親はこの話し合いのなかで，B君が集団活動においてできることや困難なこと，集団生活を送るうえで必要とするサポートについて具体的に理解していったようであった。そして少しずつでも身辺自立をはかれるよう，家庭でも着替えから練習していきたいと話していた。

【事例2】 B君　5歳・男児　発達の遅れ　2回目の面接（1回目の面接の約半年後に実施）

＜保育園＞
- 本児の発達段階について
- 友だちに対し，よく手が出てしまう。「見てほしい，関わりたい」という思いの表れのようにもみえるが，その都度話して聞かせてもあまり改善がみられない。本児に対して，どのような対応が必要か。また周りの子どもにはどのような配慮が必要かを知りたい。

＜保護者＞
- 普通級と特別支援級のどちらに進学するのがよいか。
- これからの見通しについて，具体的なイメージがもてない。
- 本児の発達段階をどのように捉えたらよいか。母親は本児と他の子どもとの違いに焦りを感じ，5歳児向けの課題（ドリル）をやらせようとしているが，父親は本児にそれを求めるのは難しいと感じている。

＜行動観察＞

B君は，女児数人の側で，彼女たちが遊ぶままごとで使用する食器に料理を並べていたが，女児たちのやりとりには参加していなかった。そこへ保育士が加わり，B君が用意した料理を「わー，上手に作ったね。おいしそう！これ，みんなで食べてもいい？」と言いながら女児たちにもその料理を勧め，みんなでB君の料理を食べてみせた。B君は嬉しそうにその様子を眺めていた。
　＜アセスメント・支援目標—巡回指導場面でのやりとり①：両親・担任・筆者による面談。職員室での面談のため，園長も必要に応じて会話に加わる＞
　B君は年長児になり，就学に関することが両親の最大の関心ごとであった。普通級と特別支援級のどちらに進むのがよいか迷っているという。両親の希望としては，まずは普通級に通わせたいが，本児の様子からこの先ずっと普通級で過ごすのは難しいのではないかとも感じている。先日，小学校の先生と面談をした際，学校側からB君のクラス選択について特に指示はなかったが，「普通級に入るには，自分の名前は書けるようになっておいてほしい」と言われたという。
　そこでまずは全員でB君の発達について，確認・共有するやりとりを行った。B君は簡単な指示については理解でき，特に親子の間の会話では困ることはない。その日保育園であったことを家で話すかどうか尋ねてみたところ，家ではひとり言で，保育園での先生の話を再現しているとのことであった。前回の面談で話題に挙がっていた着がえについては，上下ともに前後をまちがえて着ることもあるが，何とか自分で脱ぎ着できるようになってきたとのことだった。トイレは，「おしっこ」と言って自分からトイレに行くこともあれば，しばらくの間B君から何も言ってこない時は，保育士から声をかけて連れて行くこともあるという。また保育士より，B君は皆といっしょにプールに入ろうとはせず，その横の小さなプールで1人水遊びをしていることが報告された。これについて父親は，本当はプールの大好きな子だが，園では皆が一斉に動いて水しぶきがかかるためいっしょに入ることができないようだと答えていた。父親の発言からは，半年前の面接時よりも，本児の発達状態と小学校での支援の必要性についての理解がより進んでいるように感じられた。
　これらのエピソードから，現時点では，B君が自分の体験や気持ちを言葉で

表現するのは難しいこと，身辺の自立が十分とは言えないことから，小学校でも個別の声かけが必要になる可能性について伝えた。またプールのように，たとえ好きな活動であっても，それが集団での活動になると，必ずしも本児の思い通り進めていくことが難しく，その場合にも，個別の対応が必要になることを伝えた。そして就学までにトイレの自立ができるよう，園と家庭とで協力しながら進めていくことを提案した。

　面談の最後に父親は，「本当は初めに普通級に入り，ここでは無理だとはっきりした時点で，特別支援級に移りたいと考えているが，小学校からは，『一度普通級に入ると1年間は移動できない』と言われどうすればよいかがわからない。療育センターでも，普通級と支援級どちらに進学すると良いかはっきりとは言ってくれない。本当はこうだと言ってほしい。決めてほしい」と話していた。この話を側で聞いていた園長は，「今後迷った時には担任や園長もいっしょに考えていきたいので，ぜひ話を聴かせてほしい」と伝えていた。

　＜担任へのコンサルテーション—巡回指導場面でのやりとり②：担任・筆者による面談。職員室での面談のため，園長も必要に応じて会話に加わる＞

　担任は，先ほどの父親の話から，あらためて進学先をめぐる両親の悩みや迷いがよくわかったという。筆者も同じ思いであった。

　B君は今年の春，療育センターにて発達検査を受けているが，園はその結果を確認できていないという。園長は，小学校のクラス選択の参考にするため，両親の了解が得られれば結果を聞いてみたいという。

　また，それまで友だちと関わりを持つことの少なかったB君にとって，友だちを叩く行為は，関わりが増したことを示す成長の印としての意味をもつ。担任もその時のB君の「見てほしい，関わりたい」という気持ちを理解しようと努めていることから，できる限りその場に立ち会い，B君の気持ちを受け止めること，またクラスの友だちも成長してきていることから，担任がB君の気持ちや状態を周りの友だちにも伝えていくことで，友だちもB君のことを理解し，受け入れやすくなるのではないかということが話題になった。

8. 今後に向けて

　現在，保育所や幼稚園等の施設を通じて得られた子ども・家族理解は，その後の学校教育において十分に生かされているとは言い難い。保育所・幼稚園から小学校にかけてはいわゆる幼保小の連絡会議が実施されているところが多いが，保育所，幼稚園，学校関係者以外の専門家の参加も含めて，さまざまな視点からアセスメントを行い，それらを子ども・家族支援につなげていく，そのような縦の連携もさらに強化していく必要がある。このようなシステム作りは，いわゆる接続問題の解決を握る鍵にもなる。

文　献

青木紀久代（2012）臨床心理士と子育て支援．臨床心理学，12(3)；306-310．
馬場禮子（2010）臨床心理の子育てについて．臨床心理士子育て支援合同委員会編：子育て支援基礎講座．創元社，pp.1-18．
ベネッセ教育総合研究所（2013）第 2 回妊娠出産子育て基本調査（横断調査）報告書〔2011年〕．http://berd.benesse.jp/jisedai/research/detail1.php?id=3316
後藤秀爾（2013）現場から動きを創る―名古屋市の統合保育とスーパーバイザー制度．臨床心理学，13(5)；746-749．
小泉令三（2011）日本教育心理学会公開シンポジウム：特別支援教育と教育心理学―学校における心理教育的援助の実践―．教育心理学年報，50；58．
牧野カツ子（1982）乳幼児を持つ母親の生活と〈育児不安〉．家庭教育研究所紀，3；34-56．
森岡正芳（2010）スクールカウンセラーと親と教師―特集にあたって．臨床心理学，10(4)；489-493．
森岡正芳（2011）日本教育心理学会公開シンポジウム：特別支援教育と教育心理学―学校における心理教育的援助の実践―．教育心理学年報，50；44-67．
渡辺顕一郎・田中尚樹（2014）発達障害児に対する「気になる段階」からの支援―就学前施設における対応困難な実態と対応策の検討―．日本福祉大学子ども発達学論集，6；31-40．
全国保育団体連絡会・保育研究所編（2014）保育白書．ひとなる書房．
全障研障害乳幼児施策全国実態調査委員会（2001）自治体における障害乳幼児施策の実態．障害者問題研究，67；218-235．

第5章
発達障がい児への支援

地域支援におけるネットワークの構築

小倉　正義

1. はじめに

　地域支援におけるネットワークの構築に臨床心理士がどのように関わるのかという問いに対する答えは非常に難しいものがある。その理由の一つは，それぞれの地域によっても，関わる立場にとっても，どのようなネットワークを構築しようとしているかによっても随分と異なってくるからである。筆者自身もこれまで様々な地域支援におけるネットワークの構築に携わる実践をしてきた。同じ一人の臨床心理士であっても，ネットワークの中のどこにいるかによって，自分の役割や立ち位置を考えながら実践してきたつもりである。

　本稿ではある地域の発達障がいのある子どもの親の会でのソーシャル・スキル・トレーニング（以下，SST）の実践について述べる。多職種との連携という本書のテーマからはややずれるかもしれないが，本実践の報告を通して，地域の発達障がいの親の会と連携して行う意義について広く検討することで，専門機関で行う地域支援とは異なるネットワーク構築の在り方が見えてくるだろう。

2. 親の会でのSSTの実践

1. SSTの起ち上げにあたって

　X県の発達障がいの子どもの親の会の役員の方から，会員の子どもたちを対象にSSTを実践して欲しいという依頼があったのは，今から10年ほど前のことである。当時の私は大学院生であり，まだまだ発達障がいのある子どもへのSSTについては経験不足な面が多かった。いろいろなSSTに関する文献を読み，何人かの大学院生や学校の教員と相談しながら，まさに試行錯誤の状態から始めたのを覚えている。この時点で臨床心理士だけではなく学校の教員と協力して行えたことで，臨床心理士とは異なる視点からの意見もたくさん聴くことができ，SSTの内容や実践の仕方の幅が広がったように感じている。

　当初は，知的障がいのないタイプの自閉症スペクトラムの高校生・大学生年代の青年数名を対象としていた。専門家どうしで相談するだけではなく，参加する保護者たちからニーズの聞き取りから行った。保護者からは，様々なソーシャル・スキルの獲得に関するニーズが出され，そのニーズの中からSSTの具体的な目標を考えていった。

　SSTに取り組む際に大切にしたかったこととして，以下の2つのことがある。まず一つは，本人たちにとって楽しいものであること，もう一つは，本人たちが意味を感じるものであることである。スタッフや親の会の役員の方のスケジュールの関係上，1～2ヶ月に1回程度という少ない回数で取り組むことになったので，できることはかなり限られていた。先ほど述べたように保護者へのニーズの聞き取りからも取り組むべき課題はたくさんあったが，時間的な制約もあり，すべてを目標とすることができない中で，大切したのが上記のことである。開催日が日曜日であったこともあり，特に青年のメンバーにとってはSSTというだけでなく，余暇支援の意味合いも大きくもっていた。

　また，このような活動を起ち上げるうえで重要なのが運営体制である。運営主体は親の会であり，役員の方が中心に会場確保や保護者への連絡調整，参加費の管理などを行ってくれていた。筆者はSSTの内容を考える中心のスタッフであったので，運営を担ってくれている親の会の役員の方とは必要に応じて

連絡を密にとり，スムーズに運営が進むように何度も相談を重ねてきた。ただし，親の会の役員の方の子どもも SST に参加しているメンバーであり，当然のことではあるが，運営の話とお子さんの話をきちんと区別して話をするように留意してきた。

2．SSTの内容について

　SST の内容に関しては，小貫・名越・三和（2004），五十嵐（2005），上野・岡田（2006）などを参考にしながら，これまでのスタッフの経験や保護者からのニーズの聞き取りを元に組み立てていった。その後も様々な文献や実践を参考に，目の前の子どもたちに合わせた内容で取り組んできている。

　この SST の実践の中で，スキルトレーニングとしてのエビデンスを客観的に検証することは，起ち上げ段階では筆者の力量的にも難しい部分もあった。しかしながら，実践的な研究や報告を中心に，これまでいくつかの学術大会や紀要論文でその成果を報告してきている（加藤・小倉・野田・笹川・森田，2008；加藤・小倉・中澤・笹川・森田，2013；小倉・加藤・髙津・野田・笹川・森田，2008；小倉・髙津，2010；髙津・小倉，2008など）。本稿でも少し紹介するが，ブロック制作など，従来の SST の取組みではみられないグループ活動の報告もしているので，読者の皆様にも上記の研究について参照していただけると幸いである。

　以下に，SST の内容について述べる。SST は小学生グループ，中学生グループ，青年グループと年齢段階別にグループを分けているが，当初の青年グループで実践した内容を中心に述べる。

（1）青年グループの参加者

　初期のある年の青年グループの参加者は，中学生 1 名，高校生 2 名，専門学校生 1 名，大学生 1 名の計 5 名であった。全員，知的障がいのないタイプの自閉症スペクトラムの青年であった。以下，SST に取り組んだ青年のことをメンバーと呼ぶ。スタッフは臨床心理士，小学校・特別支援学校の教員など 3 ～ 4 名であった。後述するが，原則として保護者も毎回のセッションに参加していた。

(2) 青年グループの一日の主なスケジュール

活動はそのセッションごとに異なっていたが，外出がメインになるとき以外は，主に**表1**のようなスケジュールであった。その中でも，ほぼ毎回取り組んでいた活動に関しては，メンバーの様子の変化も含めて詳細に紹介しておく。

1) お昼ご飯を食べに行く

青年グループは，活動が午後からであったので，正午過ぎに駅に集合して，みんなで話し合い，ご飯を食べに行くことにしていた。お昼ご飯を食べに行くというとシンプルな課題のように感じられるかもしれないが，これが結構複雑である。お昼ご飯をみんなで食べに行くために必要なのが，いわゆる相互交渉スキルである。

参加していた青年たちは，自分一人で店にいってご飯を食べるというスキルをすでに獲得しているものが多かった。しかしながら，みんなでご飯を食べに行くとなると，一つの場所に決めなければならない。この「みんなで」ということが難しかった。当初は一人一人のメンバーは，スタッフに小声で自分の行きたいところを伝えるだけで，なかなかお互いの意見を相手に伝えることも難しかった。そのような時に，スタッフはメンバーの代行をして言葉を相手に伝えるのではなく，助言をしたり，モデリングをしたりすることでメンバーをサポートした。何回かセッションを重ねると，自分の意見は相手に伝えることができるようになったものの，一つに決めることができない。一つに決めなければ，みんなでご飯を食べに行くことはできない。そのような状況の解決方法として，あるメンバーがじゃんけんをして決めるということがあることを思いつき，その後はじゃんけんで行き場所を決めるようになった。しかしながら，今度は決める時はじゃんけんと決まってきてしまった。葛藤解決のスキルの幅を広げたかったので，次の段階ではじゃんけん以外の方法で決めてもらうように伝えた。そうすると，少しずつ説得を試みたり，会話のイニシアチブをとったりすることも出てきた。

表1　青年グループのプログラムの流れの例

12 : 30	駅集合。お昼ご飯を食べに行く
13 : 30	プログラム開始
	今回のニュース
	今回のテーマ①
	休憩（おやつタイム）
	今回のテーマ②
	カードゲーム
	振り返りシートの記入
15 : 15	プログラム終了

今度は実際にご飯を食べに行ったレストランや食堂などの場所でも，いろいろなスキルを学ぶ機会がある。一つはみんなとペースを合わせるということである。ソーシャル・スキルの基本のように思われるかもしれないが，これが発達障がいの青年たちにはなかなかに難しい。この青年たちも，みんなとペースを合わせなければいけないということは知識としては知っていた。しかしながら，実際にペースを皆で合わせようとするとどうすればいいかわからなくなったり，そこに気が回らなかったりすることも多かった。しゃべっていてなかなかご飯がすすまなかったり，自分の好きなものに夢中になって遅くなったり，それぞれ課題を抱えていた。しかしながら，そのような青年の中に徐々に芽生えてきたとても大切な気持ちがあった。それが，「人を待たせたくない」という気持ちである。その気持ちがあるうえにどうすればよいかを伝えることで，少しずつペースを合わせられるようになってくる。このようなプロセスを経て学んだスキルは定着しやすいように感じている。

さらに，自分一人では行ってみようと思わなかったり，行く機会がなかったりするいろいろな店に行くことも非常に大切な経験となったと感じている。例えば，回転寿司では，ボックス席に座ったときに，どのようにして回るお皿をとるか，回るお皿から遠い位置にある外側の席に座ったときは内側の席の人に一声かけることができるか…といったことである。また，チケット制の店も結構難しい。メンバーの一人がチケットを十分な時間をかけて選んでいると，そのメンバーの後ろには他のお客さんの行列ができていく。筆者が指摘すると，完全にゆずってしまい，今度は最後に回ってしまう。彼らの特性からも，他のお客さんの雰囲気を察知して順番をゆずるということがなかなか難しいので，その場で対応できる自分なりのスキルをもっておくことが重要なのだ。このようなことは，座学だけで教えていると，教えるほうも気づくことができない部分かもしれない。

2）連絡網を回す

近年は，個人情報保護法の関係や通信機器の発達によって機会がとても減ってしまった連絡網も，活動の中に取り入れた。連絡網を取り入れた理由としては，電話での対話をスキルとして獲得するためには，マナーをルールとして学んだり，電話場面のロールプレイをやったりするだけでは，不十分さを感じた

からである。

　SSTの活動の前日に筆者からメンバーに次の日の活動のタイムスケジュールや持ち物などの連絡を回し始め，それを正確に筆者にもう一度連絡をすることを実践してもらった。あえて携帯電話やスマートフォンを使わず，自宅に電話をすることで，先方の親が出たときに本人に変わってもらう中でも礼儀も学ぶ機会とした。ただ連絡として相手に情報を伝えるだけでなく，相手が電話に出られなかったらどうすればいいのか，筆者への報告の時にはどのように伝えればよいのか，といった応用的な部分も扱うことができた。

3）今回のニュース

　他の専門機関で実施しているSSTの活動でも取り入れられていることも多いと思われるが，SSTのセッションとセッションの間の2ヶ月間の間に起こった出来事について，メンバー一人一人に「今回のニュース」として報告してもらった。最初は，みんなの前で話すことに緊張して何もいえないメンバーや，旅行などの大きなイベントがないと「話をすることがない。何もしていない」と言って困ってしまうメンバーも少なくなかった。しかしながら，スタッフも同じように二ヶ月間で起こった出来事を報告することでメンバーにモデリングをしてもらう中で，少しずつ話せる回数が増えてきて，内容の幅も広がった。また，二ヶ月の間に準備してメモをとっておくということがなくても，発表ができるようになってきた。

4）休憩時間とカードゲーム

　休憩時間には，おやつを出して，5～10分間，スタッフは介入せず，メンバーだけに任せてメンバーどうしの時間を過ごすようにした。自閉症スペクトラムの子どもたちは課題のない場面でのコミュニケーションや時間の使い方に苦手さがある。もっと一般的な言葉で言えば，いわゆる雑談をすることが難しい。このSSTの様々な場面で，様々なコミュニケーションスキルを教えていたので，休憩時間はこれまで学んできたことを実践する場であった。それと同時に，一人一人のコミュニケーション上の課題をアセスメントすることのできる場としても有効であった。

　カードゲームでも，そのルールに従ってゲームをすることができるようにという課題だけでなく，カードゲーム場面でのコミュニケーションの促進も

目標にしていた。スタッフがファシリテーターとしてカードゲームに参加することで，メンバーはスタッフをモデリングをしながら，カードゲーム場面でのコミュニケーションや相互交渉をとることができる。カードゲーム場面での相互交渉については，髙津・小倉（2008）で報告しているので，興味のある人は参照されたい。

表2　青年グループのある1年間の各回のテーマ

第1回　ブロック制作
第2回　一人暮らしのために（3食考えよう！）
第3回　身だしなみ，ネクタイの結び方
第4回　一人暮らしの食事（食事づくり）
第5回　旅行の計画を立てる
第6回　旅行に行く

（3）年間のスケジュール

当初は年間6回で行っており，青年グループのSSTの活動のテーマで**表2**の通りであった。**表2**をご覧いただけるとおわかりになるかと思うが，メンバーが中学3年生以上の青年であったことから，将来の自立を意識した内容をテーマとして多く取り入れている。

ブロック制作については，非言語的なコミュニケーションを高めるために，また仲間との信頼関係を高めるためにも有効であると考えており，小学生グループ・中学生グループでは年間のSSTの活動の最初のセッションと最後のセッションにブロック制作を取り入れていた。最初と最後のセッションのブロック制作をみてみると，各グループのメンバーの関係性の変化もうかがわれた。なおブロック制作については，我々の実践だけではなく，海外でも発達障がいの子どもへのグループセラピーのための表現活動としての報告がなされている（Legoff, 2004）。

表2に示した年間スケジュールの中の第5回・第6回で実施している旅行の計画を立てて，旅行に行くという取り組みは，現在に至るまで青年グループで続けていることでもあるので，少し紹介しておく。

まず，第5回の旅行の計画では，**図1**のような旅行計画シートを使って，旅行計画を立ててもらった。個人で旅行計画を立ててもらった上で，その計画の良さを他のメンバーとスタッフにアピールしてもらい，スタッフも参加して多数決で行き場所を決めていった。

この旅行先の決定にも，先ほど紹介したお昼ご飯の行き先の決定の課題と

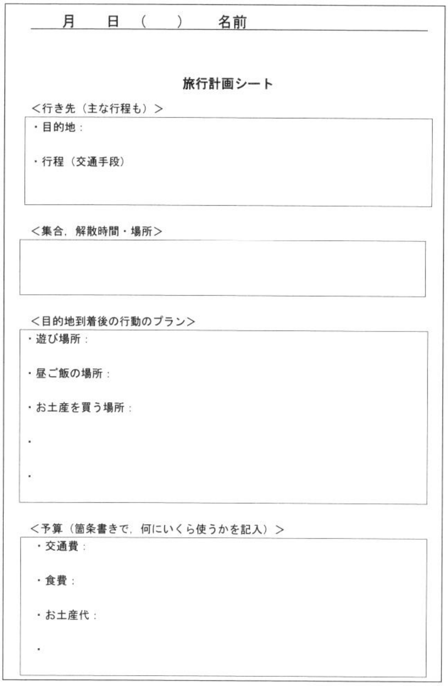
月　日（　）　名前

旅行計画シート

＜行き先（主な行程も）＞
・目的地：
・行程（交通手段）

＜集合，解散時間・場所＞

＜目的地到着後の行動のプラン＞
・遊び場所：
・昼ご飯の場所：
・お土産を買う場所：
・
・

＜予算（箇条書きで，何にいくら使うかを記入）＞
・交通費：
・食費：
・お土産代：
・

図1　旅行計画シート

同様の相互交渉スキルが課題となる。ただ，お昼ご飯の時に比べると，この旅行先の決定については，発表形式で事前に案が準備できることで，自分の意見をアピールすること自体は，お昼ご飯の決定と比較すると容易であったような印象を受けた。

また，行き先を決定するプロセスの中での司会もメンバーにやってもらったこともあったが，最終的に意見をまとめていくという作業には非常に困難さがともなった。司会のマニュアルを作成してサポートしていきながら，少しずつ練習していけるとよいのではないかと考えている。

旅行を毎年実施していると，「来年はこういうところに行きたい」，そのためには「次はこうやってアピールしたらいいか」と考えることができることもこの実践の良さの一つだろう。メンバーの一人は，自分の希望が叶わなかった次の年に，パワーポイントのスライドショーで資料を作ってきて，アピールをしてくれた。このメンバーは言葉だけで他のメンバーやスタッフを説得することに苦手さがあり，得意な方法で説得を試みたのだと感じた。自分で自分の得意な分野を活かしてアピールができたことは，今後の生活のことを考えても非常に重要なことだろう。このように，本人からの強い動機づけから起こってくるスキルの獲得を大切にし，他の場面でもスキルとして定着していくことが大切であると考えている。

3. 保護者並行型のプログラムであることの意義

本実践はもう一つ大きな特徴がある。それは保護者並行型という形をとっている点である。各グループも基本的には毎回保護者が参加することになってお

り，保護者は別室で交流会を行っている。保護者も一緒に活動に参加してもらうことで，親子でともに学ぶスタイルをとりたかったことが大きな目的である。この交流会には筆者が参加することもあるが，基本的には同じ発達障がいの子どもをもつ親であるペアレント・メンターがファシリテーターをつとめている[脚注1]。同じ親であるペアレント・メンターが保護者交流会のファシリテーターをつとめることで，参加した保護者が気持ちを出せたり，有益な情報を得ることができたりする効果が期待された。参加した保護者からは，「自分自身も親たちに悩みをきいてもらえるのでありがたい」「話ができて楽しかった」「親同士情報交換やストレス発散ができる」といった感想が寄せられていた。臨床心理士として保護者のカウンセリングやグループセラピーを行うことも重要であるが，ペアレント・メンターがファシリテーターを務める保護者交流会を臨床心理士が黒子的な役割でサポートすることも非常に重要である。

またスタッフからも，各セッションの終了後と，1年間のプログラム終了後に報告会を行っている。実践に関する報告を行うのは当然ではあるが，保護者からは「親や本人がきづいていなかった特性に気づける」という感想もいただいた。

いうまでもなく，月1回関わる我々スタッフよりも，保護者の方が子どもたちと関わる時間は長い。保護者並行型にすることで生活の中での学びも広がり，本実践の意義は高いものになっていたのではないかと考えている。

4. スタッフについて

スタッフには，臨床心理士だけでなく，小学校・特別支援学校の教員，学生がいる。学生も，臨床心理学専攻，特別支援教育専攻の大学院生，心理系・教員養成系・看護系を中心に様々な学部の大学生がスタッフとして参加してくれた。本実践の中のプログラムの内容について大枠は専門家で決めるものの，個々のプログラムの内容については，大学院生や大学生にも積極的に参加して

脚注1）ペアレント・メンターの詳細は，「ペアレント・メンター入門講座 発達障害の子どもをもつ親が行う親支援」（井上・吉川・日詰・加藤，2011），「親と地域でつながる支援 ペアレント・メンター活動ハンドブック」（井上・吉川・加藤・日本ペアレント・メンター研究会，2014）をご参照いただきたい。

もらっていた。また，各グループにリーダーを置き，リーダーがまとめ役として，大学院生や大学生のスタッフの相談を受けることができるシステムを構築するように心がけてきた。このようなシステムを構築することで，スタッフが受動的に活動に参加するのではなく，能動的に活動に参加することができるようになる。能動的な参加からの学びは非常に大きなものとなり，スタッフたちの所属する学部を考えると，この学びが，発達障がいのある子どもたちへの支援に精通した教員や看護師の養成に寄与することができているのではないかと思っている。

スタッフは，基本的には1年間を通じて参加できることを条件に様々な大学から募集して，集まった者たちである。また，毎年一年の初めには発達障がいの基礎知識と本実践の意義について筆者がレクチャーをしている。そのうえで，各セッションの終了後にミーティングを行う。ミーティングでは，専門用語をできる限り使わずに，子どもたちの姿を中心にして参加者が共通理解できる言葉を用いて行うようにした。また，専門家が教えるというスタンスではなく，あくまでもスタッフ同士が意見交換をするなかで，子どもたちに対する理解を深めていけるように意識している。

また筆者のように，比較的参加メンバーと年齢の離れているスタッフと大学生や大学院生のように比較的年齢の近いスタッフが混在することは，参加メンバーの様々な学びにつながっているのではないだろうか。例えば，前述したような何かのスキルのモデリングを行う際にも，筆者よりも学生のほうが，メンバー本人にとっては適当なモデルとなる場合も多いように感じている。また，SSTへの参加経験の短いスタッフに対しては，参加経験が長いメンバーが活動や場所を教えるような場面もみられた。メンバーは教えられるだけでなく，教える体験をすることで，さらに新たなスキルを獲得することにつながっているだろう。

3. おわりに――つながりを意識することの重要性

先述したように，このSSTの活動は初めて10年近くになる。小学生グループ，中学生グループ，青年グループに分けて実践を行ってきているが，親の

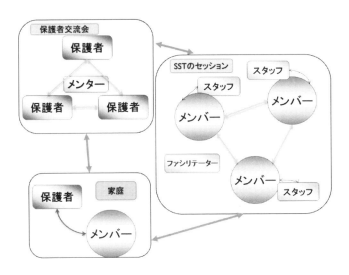

図2　本実践の全体イメージ

会のニーズも踏まえ，希望者は継続することにより，その発達段階に応じた課題に対応できるようになってきている。また，昼食や旅行などの有意義な取り組みは，公的な機関では実施しにくい活動であろう。地域支援のネットワーク構築という観点からみると，それほど大きな枠組みではないかもしれない。しかしながら，地域にこのような資源を増やしていくことが，当事者たちにとって非常に重要であり，ネットワーク構築にもつながっていくのではないか。

　最後に，図2に本実践の全体イメージをまとめた。前述してきたが，これまで本実践はSSTのセッションを行うだけではなく，保護者交流会，家庭を有機的に結びつけるような実践であることを常に意識してやってきた。このようなつながりをイメージしながら実践していることで，発達障がいのある子どもたちとその家族の生活に根付いた実践になっているのではないかと自負している。今後は，活動全体のエビデンスの検証も含めて，さらに活動を精査していき，様々な地域で行うことのできるモデルになるように精進していきたい。

　　謝　辞
　本実践への参加メンバー，親の会の皆様，様々なスタッフ，皆様のご参加と

ご協力があって，ここまで実践を積み上げてくることができました．私自身も長い期間活動させていただく中で臨床家として大切なことを学ばせていただいたと思っております．心から感謝しております．また，起ち上げにあたってご助言をいただいた皆様，スタッフを派遣してくださった大学の先生方，学会発表等で貴重なご意見をいただいた皆様にも深く御礼を申し上げます．皆様のご助言・ご意見が，まだ十分にとはいかないかもしれませんが，実践に活かされております．

文　献

五十嵐一枝編著（2005）軽度発達障害児のための SST 事例集．北大路書房．
井上雅彦・吉川徹・日詰正文・加藤香編著（2011）ペアレント・メンター入門講座―発達障害の子どもをもつ親が行う親支援．学苑社．
井上雅彦・吉川徹・加藤香編／日本ペアレント・メンター研究会著（2014）親と地域でつながる支援―ペアレント・メンター活動ハンドブック．学苑社．
加藤大樹・小倉正義・野田紗也香・笹川祐記・森田美弥子（2008）高機能広汎性発達障害のある中高校生のグループ活動における協同ブロック制作の試み．日本心理臨床学会第 27 回大会発表論文集，428．
加藤大樹・小倉正義・中澤紗矢香・笹川佑記・森田美弥子（2013）高機能広汎性発達障害のある中高生のグループ活動における協同ブロック制作の試み．金城学院大学論集：人文科学編，10；19-24．
小貫悟・名越斉子・三和彩（2004）LD・ADHD へのソーシャルスキルトレーニング．日本文化科学社．
LeGoff DB（2004）Use of LEGO© as a Therapeutic Medium for Improving Social Competence. Journal of Autism and Developmental Disorders, 34；557-571.
小倉正義・加藤大樹・髙津梓・野田紗矢香・笹川佑記・森田美弥子（2008）高機能広汎性発達障害のある中高生のためのソーシャルスキルトレーニング：ふりかえりシートの変化に着目して．日本教育心理学会第 50 回総会発表論文集，630．
小倉正義・髙津梓（2010）保護者並行参加型のソーシャルスキルトレーニング―高機能広汎性発達障害児・者へのグループを対象に―．日本特殊教育学会第 48 回大会発表論文集，299．
髙津梓・小倉正義（2008）高機能広汎性発達障害のある青年の相互交渉に関する一検討―カードゲームを通じて―．日本特殊教育学会第 46 回大会発表論文集，471．
上野一彦・岡田智編著（2006）特別支援教育【実践】ソーシャルスキルマニュアル．明治図書．

第6章
発達専門機関でのチーム医療の実際
幼児期から児童期の子どもへの支援

駒井　恵里子

1. はじめに

　豊田市こども発達センター（以下，センター）は，豊田市とみよし市に在住する発達に心配のある18歳未満の子ども（重症心身障碍は成人も含む）を対象とした心身障碍児総合通園センターである。大きく分けて通園部門，相談部門，診療部門の3つの部門からなり，平成26年度開始時点での職員は123名，19種職（医師，理学療法士，作業療法士，言語聴覚士，臨床心理士，看護師，保育士，社会福祉士，保健師，歯科医師，歯科衛生士，管理栄養士など）で構成されている。それぞれの持ち場で連携しながら発達に心配のある子どもの発達支援や保護者の子育て支援にあたっている。

　センターには相談部門に2名（うち1名は非常勤で外来療育グループ専属），診療部門に3名の臨床心理士がいる。相談部門の臨床心理士は，地域連携およびコンサルテーション，市全体の支援システム構築のための施策提言とそれにまつわる調査研究，地域啓発等，多岐にわたる役割を担っている。

　筆者は診療部門に配属された臨床心理士として，主に診療所利用者の心理アセスメント，発達相談，プレイセラピー，カウンセリングに従事している。センターにおける多職種との連携のあり方を紹介し，心理士の専門性について考えたい。

2. 多職種連携の実際

1. 児童精神科の初診

　児童精神科の初診には全例臨床心理士が陪席して診察と並行して初診スクリーニングを行うことになっている。一人の子どもがセンターにつながり，診察の予約を取り，初診の日を迎えるまで，いわば発見から支援ルートにつなぐまでの道のりにはさまざまな機関や人の連携が凝縮されている。子どもによってさまざまな来所経路をたどるが，ここでは代表的な事例を一つ挙げる。

　なお，本章に登場する事例はすべて特定の個人ではなく，複数のケースをつなぎ合わせた仮想事例である。

事例　Aくん　初診時年齢：3歳4ヶ月　来所経路：センター内の外来療育グループ

　1歳半健診で言葉の遅れを指摘され，センターの外来療育グループを紹介されたが，家族はそのうち言葉が出てくるかもしれないということで経過をみていた。2歳時点で保健師より経過観察の電話があり，言葉の伸びが芳しくないとのことで再勧奨された。このことが契機となり，療育グループに参加し始めた。参加当初のAくんは言葉の遅れとともに動きの多さも目立った。母がAくんの発達について心配が高まったところを見計らい，担任が受診を勧めた。ほぼ同時期に心理士のインテーク面接（療育グループ参加者に心理士が簡単な聞き取りを行い，発達状況や主訴について確認し，必要に応じて受診を勧奨する）があり，心理士からの受診についての案内が重なったこともあり，この時点で母が診察の予約を取った。

　初診の受付をする部署は「相談室」であり，7名の相談員（臨床心理士，言語聴覚士，社会福祉士，保健師で構成されている）がいる。初めてセンターを利用する人に一番初めに対応する部署であり，電話相談や来所相談を受け付けるところである。それと同時に初診の予約全般や外部機関との連携をほとんど一手に引き受けている。初診受付の際に，主訴や来所経路などを記載する相談記録票を作成し，必要に応じて受診までの待機期間に継続フォローも行う。

Aくんは，療育グループに通う間に言葉が徐々に増えて集団場面での動きも落ち着いてくるという順調な経過をみせたため，相談室の継続相談は受けず週2回の療育グループに通いながら受診を待った。

　初診当日，診察開始15分前に受付したAくんは初めての場所でやや緊張しながらも看護師の誘いで身体計測に応じることができた。カルテが作成されるまでの間，医師と心理士は相談室の担当者が事前に届けてくれた相談記録票や療育グループの記録に目を通し，Aくんの主訴や紹介経路，家族構成を確認した。

　ケースによっては，相談室が受診待機期間中に行った支援の経過などが記載されているため，しっかり記録票を確認することが必要である。診察開始前の限られた時間に医師と心理士とでおおよその見立てと診察の展開についての予測を立て，その場で実施する心理検査を決定する。その合間に待合室で緊張気味に座っている保護者や子どもに声をかけ，診察の流れや終了時間について伝えながら検査を取るためのラポート作りをすることも重要である。

　Aくんは言葉の遅れは依然としてあるものの集団適応は伸びてきている状況と判断され，言語理解と視覚認知それぞれの発達が捉えられる新版K式発達検査2001を実施することになった。

　診察が開始されると，診察室で母と主治医が話している傍らで心理士がAくんに検査を実施した。母と主治医がAくんの現状について共通理解をするためにも目の前で行う検査は意味があり，主治医がAくんに挨拶をしたときの反応や発達検査に取り組む反応など，すべての行動観察が診断に活かされる。検査は診察時間内に実施し，集計をして結果を出し，検査の記録用紙とともに結果報告書を添えて主治医に提出する。Aくんの結果は，認知・適応の発達指数が85，言語・社会の発達指数が68であった。その場で心理士は検査の概要や結果の考察（検査名，どのような力を測定しているか，指数の読み取り方，領域ごとの結果やそこから読み取れる得意不得意の傾向等）を簡潔にまとめ，1，2分で説明する。主治医はその内容を踏まえてさらに細かく，検査結果とその日の姿を合わせて，Aくんの特性との関連について説明していく。例えば，母からの主訴であった"言葉の遅れ""動きの多さ"は，①名称理解はだいぶ伸びているが用途による物の指示や表情についての質問に答えにくく，

具体的な言葉に比べて抽象的な言葉の理解がゆっくりであること，②課題の意図が分からない場面では自由に立ち回る姿があるが，何をするかが分かると席に戻って取り組める，③興味のあることには集中し，何かに集中している際には誘われたことに気付きにくい姿と合致する，と主治医から説明し，母もそれに同意する。

　Aくんの特性について母の納得が得られたところで，診断についての説明に入る。母はAくんが日常よく動く姿があることから多動症候群を疑っていたが，言葉がゆっくりでやり取りにはややマイペースさがみられること，一見すると多動にみえるがそれは状況が分かりにくい場面に多くみられ，何をしたらよいかが分かると応じられたり自分の興味のあることに集中する姿があることなどから，コミュニケーションや状況理解の苦手さがある子だと捉えたほうが説明がつくということで，自閉症スペクトラム障碍（ASD）のグループにAくんの特性が合致しているという診断が伝えられた。

　療育グループで特性に合わせた対応を続けてきたことで他者への関心や集団のペースに応じる力が順調に伸びてきていること，今後の成長が期待できること，母の希望があれば診療所内で実施している言葉のやり取りを伸ばす言語聴覚療法の利用ができること，などが伝えられた。その場は"診断告知"という重々しい空気はなく，母はすっきりした表情で医師の説明を聞いていた。

　母の希望もありAくんには言語聴覚療法が開始されることになった。言語聴覚士は心理士と同じ部屋に机を並べており，ケースについて絶えず情報交換をしている。診察に陪席した心理士から言語聴覚士へ初診の様子や検査結果について，口頭と書面での情報伝達を行なった。さらに，療育グループの担任にも結果が伝えられ，次年度の進路相談や日ごろの関わりについての相談に活かしてもらうこととなった。

　診察を受けたことでAくんの特性がさらに明確になり，今後の関わり方の指針が得られ，これまでの対応がよかったのだという安堵と自信が持てたことがよかったと母が療育グループの担任に語ったそうである。

2. 巡回療育相談

　巡回療育相談（以下，巡回）とは，豊田市の早期療育推進委員会（発達に心

配のある子どもの早期発見・支援を推進するための連携組織であり，センターの相談室が事務局を担当している）が担う事業の一つで，市の保育課や子ども家庭課，児童相談センターなどの関係機関が協力して行っている。地域の保育園・幼稚園（私立園を含む）の先生たちが発達の気になる子どもの保育をどう進めていくとよいか迷う際に，保護者の了承を得てから子どもの様子についてまとめた用紙（個票）を市の保育課に提出する。その個票が事務局であるセンターの相談室に届けられ，保育士が挙げた質問事項に応じた職種が園を訪問し，直接子どもの様子を見て対応を保育士とともに相談するという事業である。

平成25年度に豊田市で巡回に挙がった対象児は325名であった。平成23年度の調査では，全巡回対象児（263名）の約75％がセンターの療育グループや通園施設を利用後に地域園に移行した子どもたちで，残りの25％はセンター未利用児（このうちの約93％は乳幼児健診時に何らかの発達の心配を指摘されていた）であった（神谷ら，2012）。未利用児については"今の発達状況を知りたい""理解が実際にどのくらいなのか"という質問が多く挙がるため，発達全体を捉えることを専門とする臨床心理士が巡回に派遣される機会が多い。以下の事例は，巡回に挙がったことがきっかけで，園とセンターが連携しセンター利用へとつながったケースである。

事例　Bくん　訪問時年齢：4歳8か月　主訴：一斉指示が入りにくい

巡回の個票にはBくんの日常の様子の記述とともに「自分の興味がない活動には参加したがらない。興味を向けさせるにはどのようにしたらよいか」「一斉指示は理解できているようだが，本児の発達を知りたい」という担任保育士からの質問が書かれていた。発達全般を捉える要望に応えるため，Bくんが通う園には診療部門の心理士と相談室の相談員（社会福祉士）の2人で赴くことになった。Bくんはセンターの相談室や療育グループは利用していなかった。1歳半および3歳児健診は受診しており，その際に何らかの指摘を受けていた可能性があるが，どこにもつながることなく地域園に入園している。

巡回での観察時間は約1時間で，対象児が複数いる場合はそれぞれ行動観察をするため，事前に観察するポイントを絞っていかなくてはならない。個票の記述からはASDの傾向を有することが推測されたが，記述されたエピソー

ドだけでは知的な遅れがあることで集団活動の参加や一斉指示の聞き取りが難しいのか，知的な遅れはないが何らかの過敏さやマイペースさによってそのような姿になるのかを推測することは難しかった。そのため，心理士と相談員との事前の打ち合わせでは，言葉の理解や社会性の発達がどの程度かしっかり捉えようということが確認された。役割分担として，心理士がBくんの発達状況の確認や特性把握をし，療育場面や集団保育の現場に慣れている相談員が主に集団場面での対応についての提案をするという大まかな段取りを決めた。この役割分担はどの職種と一緒に赴くかで毎回異なり，もちろん心理士が対象児の見立てから対応についての助言すべてを担うことも多いが，今回は療育現場の経験がある相談員と同行するため保育現場での対応について委ねることとなった。

　当日，園長や主任からBくんの最近の様子を教えてもらい，実際に保育場面を観察させてもらう。心理士らが部屋に入ると，ちょうど朝の自由遊びが終わり朝の会を始めているところだった。自分の所定の場所に立って元気よく朝の挨拶をし，先生のピアノに合わせて歌を歌っている。全部は歌えていないようだが，歌いやすい部分はなんとなく口が動いている。個票に書いてある姿から想像していたより落ち着いてみえた。毎日繰り返す日課のように慣れた活動には応じる力があるのだろう。

　着席して担任が今日の活動についての説明を始めるとBくんはとたんに窓の外の方に視線が移り，ぼんやりした表情になる。画用紙やはさみを使った活動で，作り方を担任が実際にやってみせると，ところどころ視線を向けることができる。しかし注目することは難しいようで，天井を見たり訪問者のほうをちらちらと見たりしている。はさみやのりをロッカーから取りに行くようにとの担任の指示には，周りの動きを見て動いているようだった。「女の子，紙を取りにおいで」という指示で近くの女児につられてBくんも立ち，「まだだよ」と止められる場面があった。

　慣れた活動への参加がよくできる一方で，初めて経験することや見通しが持ちにくい活動への参加になると関心がそれやすくなるようであった。また，視覚的に何をしたらよいか分かりやすい場面では注目したり真似をして参加することができるが，初めて聞くような指示になると言葉のみを手がかりにして動

くことには苦手さがありそうだった。このような見立てをすると同時に，注意の持続力や聴覚記憶のスパン，言語理解などの発達状況がBくんの行動にどのように影響しているかさまざまな仮説を立てながら観察を続けた。

　担任に許可を得て，直接話しかけさせてもらうことにした。挨拶をする心理士にそれほど警戒することなく返事をする。周りの子も人懐こく話しかけてきたりBくんへの質問を代わりに答えてくれようとするため，近くにいる相談員がうまく周りの子に声をかけて気をそらしてくれる。その隙に「少し教えてね」と言いながら3歳台から4歳台の知識の問題や自由会話を装ってどの難易度の疑問詞まで応じられるかを試し，簡易スクリーニングを行う。Bくんは色や男女の区別などおおむね3歳台で獲得される知識は身についていた。10以上の数を数えることができており，数概念の知識はほぼ年齢相応に備わっているようだ。その一方で，疑問詞を使ったやり取りになると，「何」「どっち」「だれ」という具体的な質問には答えが返ってきたが，「いつ」「どうやって」など抽象的な内容の質問になると黙ってしまったり答えが質問の意図とずれたりするようになった。知識の獲得には大きな遅れはないようで，一問一答，「はい」や「いいえ」で応じられる質問に答える力はある。その一方で質問の意図を汲んで適切な内容を絞って答えることが要求される質問には答えにくいことが推測された。自分の興味のあることを一方的に話す力はあり，その話している姿からは言語理解が良好な印象を一見与えるが，相手の話す言葉を理解してやり取りをすることの苦手さや，抽象的な表現や初めて聞くような内容の指示をとっさに理解することには苦手さがあるように感じられた。訪問者からの質問に応じてくれるところをみると，一対一で伝えられると相手に注意を向けることができ，やるべきことを理解すれば応じる力がある子だということが分かる。ただ集団の場で一斉指示をされる環境では，他の情報に注意が奪われて重要な情報を取り逃がしてしまう可能性があることと，指示理解で動けているようで，状況理解で応じている部分があり，状況がつかめなくなった時に，集団活動からそれやすくなる姿が確認できた。大事な情報を伝える際の予告や注意喚起，具体的な言い回しや視覚情報を用いた伝え方等の配慮をすることでBくんの集団参加はより発達していくと考えられた。

　それらの見立てを得たところで観察時間が終了し，職員室で園長や主任を交

えてBくんへの対応について集団保育の現場で保育士が実際に取り組める工夫を一緒に考えていく。

普段のBくんの姿を一番よく知っている担任から，日ごろの姿や最近変わってきた姿について話してもらい，その内容から観察場面で得られた見立ての検証を行う。そのうえで，保育士からの相談事項を再確認して一緒に検討していく。

Bくんへの対応を考える前に発達状況や特性について捉えるということで，心理士から今日見た姿や担任の記録から考えられることとして前述のような見立てを伝える。"得意なところや年齢相応に発達しているところも多々あるため気づかれにくいが，指示理解やコミュニケーションの苦手さがあり，そこには周囲の理解と配慮があるとよい"と伝えた後に，実際どのようにどのくらいの長さでどんな表現を使って声かけをしたらよいかや効果的な注意喚起の仕方について相談員が具体的に提案していく。

Bくんは園の今後の対応で順調に伸びていくと考えられたが，就学を見据えるとより正確な発達特性や認知特性の把握をする必要があると感じられた。幸い，家族も集団場面でのBくんを見て発達が心配という話が出始めたそうである。ただ，センターへの敷居は高くなかなか相談に踏み切れないという話であった。そのため，園の一室で巡回の話を相談員から保護者に報告するという形での相談面接を提案し，園から保護者に案内してもらえるように依頼をして巡回を終了した。

後日，保護者が面接を希望したと園から連絡が入り，相談員と保護者が面接を行った。次回以降もセンターでの相談ができることが分かると，保護者がセンター利用を希望した。センターの相談部門でしばらく継続面接を続けるうちに保護者の診察への敷居も低くなり，「特性をしっかり捉えて必要な支援の手立てが分かることで，Bくんが生活しやすくなるのであれば」ということで診察の予約を取ることになった。受診の待機期間中に園生活で新たな心配事ができると保護者が直接相談員に相談し，その都度相談員が園と連携を取りながらBくんのサポート体制を作っていった。

その約1年後，Bくんは就学を控えた年長児のときに初診を受けたが，診察前からすでに特性について周囲の理解が得られ，適切なサポートが継続して

なされていたことで順調に集団適応の力が伸びているようであった。母の表情も決して深刻ではなく，診察という場を，就学に向けてより正確な特性把握とそれに合わせた対応方法についての知識が得られるところとして捉えているようであった。

診察に陪席した心理士はBくんに知能検査を実施し，保護者の希望に沿って報告書を家族向け，園の先生向け，就学先の小学校向けに作成し，特性と必要な配慮点についての情報提供を行った。Bくんはその後，数ヶ月に一度の頻度で診療所を利用しているが，通常学級で担任のさりげないサポートを受けながら順調に学校生活を送っている。

3．学校訪問

センターでは2006年度から市の教育委員会が実施する巡回相談活動に協力して個別の配慮を必要とする子どもや学校現場の支援にあたっている。また，市内の肢体不自由児特別支援学校や隣市の知的障碍児特別支援学校の在校生には診療部門の"障碍児リハビリテーション"を利用している児が多く，それぞれの担当理学療法士や作業療法士，言語聴覚士が随時学校と連携して子どもの支援にあたっている。学校との連携における心理士の役割としては，知能検査等のフィードバックを通したコンサルテーション，学校が主催する現職研修の講師やケース検討会の助言者，放課後児童クラブ指導員研修の講師等での啓発活動がある。さらに，保護者の求めや相談室スタッフの要請に応じて学校訪問をする機会がある。

以下に示すケースは，相談室スタッフとともに診療所利用児の学校訪問をし，保護者や学校と連携しながら環境調整を行った事例である。

事例Cさん　訪問時年齢：7歳8か月　主訴：家や学校でのパニック

幼児期前期に「癇癪が強い」「他害がある」との主訴でセンターの療育グループを利用し，3歳の時点で診療所につながりASDと診断された。聴覚や触覚の過敏がみられた他，対人面でも過敏さがあった。初診時スクリーニングでは田中ビネー知能検査ⅤでIQ83と境界水準の知能の発達が認められたが，検査場面に構えてしまい応じなかった課題も多く，実際の知能はほぼ年齢相応と

推定された。

　3歳で就園したが，園の理解もあり4歳を過ぎる頃には癇癪や他害は落ち着き集団への適応力が向上した。診察で継続フォローをしていたところ，就学前時点での田中ビネー知能検査ⅤではIQが108であった。検査の報告書を就学する学校へ保護者経由で提出し，就学後も適応していることが確認された。保護者の心配もなくなっていたため，自発相談となった。

　その後，一年生の間は個別の支援も必要ないほど順調だったが，二年生になり春の運動会の練習が始まった頃から帰宅後に家でささいなことでパニックになることが増え，感覚過敏やこだわりが強まった。夏休みに入ると落ち着いたため様子をみていたが9月以降再び同じような状態が続くようになった。保護者が学校に相談しても，学校でのCさんはむしろ模範生のようにルールに忠実でしっかりしているという評価だったため，「学校では頑張ってやれています」という以上は話が進展しなかった。やがて，登校しぶりや教室でのパニックなど学校生活での困難さもみられるようになり，そこで初めて家族と学校との間で問題の共有がなされた。

　10月に約1年半ぶりの受診をし，現状の発達を捉えるためにWISC-Ⅳ知能検査を実施することになった。結果は，全検査IQ 110，言語理解103，知覚推理118，ワーキングメモリー106，処理速度102であった。全体的な知能の発達は年齢相応で，言葉の知識や算数の理解など学習の習得は順調であることがうかがえた。また，社会的なルールについての知識もよく身についており，明文化されたことや具体的な手がかりが示される状況を理解することが得意であった。その一方で，曖昧な言葉のニュアンスを汲み取ることや文脈によって何通りの解釈もありうる情報を直観的に読み取ることには苦手さがみられた。そして，知識や事実についての話は流暢にできるが，自分の気持ちや身体状況など漠然としたことの言語化は苦手であると推察された。

　この結果も踏まえたうえで，主治医からは，慣れない活動や曖昧な状況が多い集団生活でよく頑張ってきたCさんと支えてきた家族へのねぎらいが伝えられた。そして，今まで一見無理なくやれているようにみえたことが環境に慣れだした頃にできなくなることがあるため，その際は一度枠を緩めてやり直していくとよいと説明された。具体的には，①クールダウンの場所を確保して

Cさんが必要と思うところで使えるようにする（当初Cさんはパニック前に自分から申し出ることは難しかったが，予兆がみられた際に担任から今行った方がよいのでは？と誘ったところ，しばらくして自分からも申告できるようになった），②宿題は「何が何でも提出しなくてはならない」という強い観念が負担になっているため学習を保障しつつもさりげなく課題の量を減らす，③曖昧な伝え方を避け具体的に説明して一日の流れに見通しを持たせる，ということが挙げられた。

　数週間後，担任から今後のCさんの対応について直接相談したいとの連絡が入ったため，診療所の心理士の立場で単独で動くには限界があると判断し，相談室のスタッフとケース検討を行った。その結果，学校現場を実際に訪問して環境調整を行っていくほうがよいという結論になり，保護者の了解も得て相談室スタッフと知能検査を実施した心理士が学校訪問をすることとなった。

　Cさんの様子を見学した日の放課後，担任と教頭と4者での話し合いを行った。先日の再診後，学校側は校内で協議し，クールダウンスペースを確保したり保護者と担任とが密な連携をしたりと，様々な対応をしていた。ただ，"枠を緩める"ようにしたところ，これまで頑張ってやれていたことをやらなくなってしまっているようにもみえ，今の対応がCさんの成長を妨げているのではないかと心配されていた。何よりも"一年生の頃はできていた"という事実があることで，「もっと強く言えばできるだろう」，「今の姿は甘えではないか」という意見も校内には挙がっているということであった。また，「このままの状況が続くと学習機会が減ることになり学習に遅れをきたしてしまうのではないか」という教員側の焦りもあると話された。

　これに対し，検査を実施した心理士からはCさんの認知機能の得意不得意や感覚過敏などの特性について改めて情報提供をした。そして，相談室スタッフからはCさんの社会性の発達からみて同年齢の定型発達児に比べてとてもよく頑張ってここまできたこと，過剰適応で疲れ気味の状態であるCさんに対して長いスパンで回復を見守っていく必要があること，今のサポート態勢を継続するとともに教室に戻りやすくする環境調整をしていく必要があることを伝えた。合わせて，現在の担任の対応が決して間違っていないことを伝えるため，新しい環境に移行したての際は過剰適応で傍目には問題なく適応できてい

るようにみえる子どもたちの中に，個人差はあるものの慣れてきたころになって感覚過敏やこだわりが強まるなどの不適応状態を呈する子が少なからずいるということも付け加えた。頑張りが足らなくなって出てきた姿ではなく，これまで頑張りすぎて出てきた姿であるという共通理解を得たところでCさんの学校生活や家庭生活を支えていくことになった。

このケースに診療所の心理士が関わったのはこの学校訪問に同行したところまでである。その後は相談室スタッフが学校や学校教育課と連携を取り，学校はCさんの変化に合わせて徐々にクラスに戻れるような環境調整をハード面ソフト面の両面から取り続けた。

数か月後，母からCさんが家でも学校でもすいぶん落ち着いて過ごせるようになったと報告があった。一時は薬物療法も検討されたがその前に事態は落ち着いていき，診察でのフォローは再び終了となった。

3．まとめ

1．多職種連携に必要なこと

心身障碍児総合通園センターで経験した事例を挙げ，診療部門に所属する心理士が多職種とどのように連携をしているか紹介した。19種の専門職が集う現場で多職種との連携において必要なことは，「役割分担」と「情報共有」である。

「役割分担」をするためには，職場の中の自らの立ち位置や求められている役割をしっかり把握することが大切である。どこまでが自らの裁量で動ける範囲であるかという限界を自覚しておくこともチームで連携する上で欠かせない。それと同時に他の職種がどのような専門性を持ってどのように動いているか熟知しておくことが必要である。また，自治体が構築している地域支援システムのあり方を知り，外部の連携機関の専門性と役割を把握しながら（高橋，2012），必要なケースを適切な専門機関や専門職につなげるスキルが求められる。

もう一方の「情報共有」については，情報を一個人や一部署にとどめておかずに共有し，絶えずチームとなって支援にあたることが最も利用者の利益につ

ながると思われる。例えばセンターでは全職員が組織内 LAN でつながっており，一職員が得た情報を必要に応じて全体または関連部署，個人に宛てて発信できるようになっている。そこからさらに情報の持ち寄りがあり，誰がどの情報を持ち，誰がどのように働きかけていくかの役割分担について共通理解が得やすくなる。このようにしてインフォーマルな連携チームが同時にいくつも派生して支援にあたっている。情報は"鮮度が命"であり，できるだけ早い段階での共有が求められる。改まった報告書などの文書作成に時間がかかる場合には前もって口頭で伝達し，要点のみのメールでもこまめな報告を心がけている。

2. 心理士に求められること

「子どもの発達支援」と「保護者の子育て支援」を担うセンターにおいて，診療部門の心理士に求められる専門性は，子どもの発達全般を多面的に捉えること，そして心理学的な検査（発達検査，知能検査，人格検査等）を的確に実施し適切な解釈とフィードバックをすることである。

それは，目の前の子どもの言動や各種検査から得られる客観的な情報を合わせ，社会性，遊び，言語理解，発語，コミュニケーション等々，それぞれの分野がどの段階まで到達しているかを見極め，その子どもが本来持っている育ちが無理なく保障されるように次の発達段階を提示することである（髙橋，2012）。子どもの姿を肯定的に捉える視点でもって，それらを保護者や他の職種に的確に伝える力が要求される。診療部門の心理士は子どもへの直接的支援に携わる機会は他のリハビリスタッフや療育スタッフに比べて少ないが，間接的支援をする機会は圧倒的に多い。子どもに直接かかわる保護者や支援者がその子本来の育ちについて理解し，日々その健やかな育ちを支えることができるようにするためのアセスメントとその情報提供が求められている。

文　献

神谷真巳・若子理恵・他（2012）豊田市における発達障がい児早期発見システムの検証―巡回相談対象児の幼児健診でのスクリーニング調査等を通して―．第 53 回日本児童青年精

神医学会総会抄録，367.
髙橋脩（2012）「精一杯」説．こころの科学，162；100-101.
髙橋脩（2012）Ⅱスクリーニングのシステム，3．1 歳 6 か月児，3 歳児健診の充実―豊田市のケース―．市川宏伸・内山登紀夫編：発達障害―早めの気づきとその対応．中外医学社．

第7章
スクールカウンセリングにおける支援
養護教諭や担任との連携

高橋　靖子

1. はじめに

　小・中学校における不登校の児童生徒数は，2012年度で約11万3千人に達している（文部科学省，2013年12月）。一方で，2001（平成13）年度をピークとしてここ十年あまりは減少傾向が続いている。その理由として，週休2日制の導入や少人数授業の実施などと共にスクールカウンセラー（以下SC）制度の本格的な始動が挙げられている。

　SCとは，週1,2回程度学校を訪問して子どもたちの相談に応じるとともに，教員との連携，保護者への相談・助言を行う仕事である。1995（平成7）年より全国154の公立小・中・高校で正式にSCモデル事業が始まり，2001（平成13）年度にはSC配置を行う地方自治体に対する国の助成事業がスタートし，2010（平成22）年度には中学校への配置が約1万校，小学校3,600校に配置・派遣されるに至っている。

　筆者は教育養成大学に所属するが，現職の派遣教員による授業での事例検討でもSCが援助チームの一員として加わっていることが多い。また，大学生から小・中学校でSCに悩み事を相談していたことをよく聞く。このことより，SCが当たり前の存在として学校に受け入れられつつあるのを感じる。その分，実質的な仕事内容が問われているのではないだろうか。

本章では，養護教諭を中心とする教員との連携を中心にSC業務の実際について述べたい。

2. 学校に入るときに

SCとしてどのように仕事を進めていくかについては，既に多くの良書がある（伊藤・平野，2003；東京学校臨床心理研究会，2013；内田・内田，2011；吉田・若島，2008）。共通するアドバイスとして，まずは相談役となるキーパーソンを見つけることが挙げられる。SCの直接の窓口担当となる教頭などの管理職，教育相談担当，養護教諭，特別支援コーディネーターなどが多いだろう。養護教諭にしても様々な得意分野を持っており，ひとくくりにできない。医学的診断に詳しい人もいれば，カウンセリングや食育に関心の強い人もいる。小学校，中学生，高校の養護教諭を比較しても児童生徒への対応はかなり異なるので，SCもそれに応じて接することが必要であろう。教諭だけでなく事務・用務員や学校司書など，長年勤めておりその学校の事情に精通している職員も存在する。初めは様々な人に話しかけてSCの名前と仕事を覚えてもらい，学校のことを教えてもらうのが仕事の一つであろう。

また，教職員との打ち合わせや日常での会話，児童生徒との関わり，校内や校区の見回り，学校便覧などの公刊物や地域のニュースからの情報収集により，勤務校の特徴や地域の風土を知ることができる。さまざまな情報が仕事に直接役立つとは限らないが，会話の糸口となったり人的・社会的資源として活用できることもある。

学校に入ってから初期に行われる作業は「学校アセスメント」と称され，児童生徒の問題に直接関わるだけでなく，「誰に，どの程度，どのようにして」報告を行い，支援体制を作る必要があるのかを見立てる目的を持っている（図1参照）。

学校アセスメントは，他にもさまざまである。例えば，相談室の設備を整えて職員室の席を確保する物理的設定や，SCが教育相談係，生徒指導部会，養護部会などどこに所属しているのか，あるいは独立しているのかという組織内での位置づけについて理解する必要がある。SCが教職員や児童生徒からどの

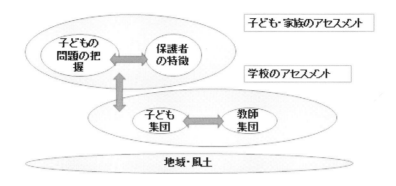

図1　学校アセスメントの概要

ように認知されているのか，校内でのニーズとその変化を注意深く見極めたい。筆者の実感では，養護教諭とSCの学内における立ち位置は似通ってくるので，養護教諭が児童生徒，同僚とどのように付き合っているかを参考にすることが多い。

　さらに，管理職のリーダーシップ，教職員と管理職の関係，教職員同士の関係，子どもたちと教師の関係，子ども同士の関係について関与観察して，関係性のアセスメントを行う必要がある。また，普段の子どもたちの様子より，全体的なコミュニケーション能力，身体発達，生活態度などを知ることによって，児童生徒が表出する全般的な問題行動の傾向の把握を行う。SCが感じる学校イメージを大切にしながら活動を行いたい。

3．養護教諭とSCの連携

　SCの仕事は単独ではなくチームによる連携がほとんどである。会議などで公に事例検討を行うこともあれば，関係教員の立ち話で簡単に打ち合わせを行うこともある。そこでは，双方の経過報告と今後の援助やその目的を明確化し，全体の関わりを見通し役割分担を行うこととなる。このような組織的対応の利点として，田村・石隈（2003）は，①援助者の問題状況の理解を深化させる，②多様な援助を引き出す，③方針の不統一による混乱を回避させることができ

る，といった点を挙げている。また，山本・池田（2005）は，連携による効果を，①主に担当している教師の負担が軽減される，②学校全体で問題に取り組んでいく意識・風土を形成しやすくなる，③直接児童生徒と関わる人物が人事異動などによって交代したとしても支援内容が継続されやすい，④保護者に対して安心感を与え，学校に対する信頼感が得られる，とまとめている。一つの事例における校内外の連携では，図2のように実際には様々な教員が関わることになるが，ここでは主に養護教諭とSCとの連携を取り上げる。

まず教育相談の視点からみた養護教諭の特性について，以下の指摘がされている（新井，2004）。

1) 健康観察を通じて生徒のサインを発見しやすい
2) 生徒は病気を理由にゆっくりと話ができ，安心して本音が言いやすい。
3) 成績評価と関係がないので，自分を丸ごと抱えてもらえるという気持ちを持ちやすい。
4) 病気についての専門知識があるので治してくれる，頼れる存在である。

そのため養護教諭は，生徒の心身についての問題の発見，情報収集，相談相

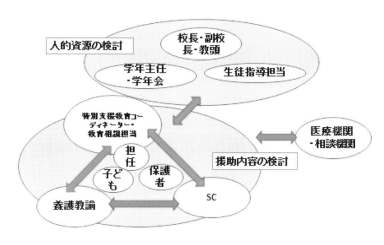

図2　校内外の連携体制

手，教員や保護者へのコンサルテーションなどの幅広い役割を担っている。毎日の児童生徒の出欠席について把握し，体調不良を頻繁に訴える児童生徒について情報収集および提供を行っている。また，養護教諭は保健室登校の子どもを抱えていることが多く，伊藤（2003）の調査では91.7％の養護教諭が「カウンセリングは養護教諭の仕事の一つである」と回答している。その一方で，その多忙さや子どもへの対応についての迷い，連携の少なさやズレが問題となることが少なくない。

これらの報告より，身体的な病気は別として，教育相談の領域では養護教諭とSCの仕事がかなり重なることが分かるだろう。養護教諭とSCは「教科指導に携わらず，課題達成的な面での評価を担わない立場」にあり，「子どもたちの傷ついた部分，弱い部分に関わる（鵜養，1995）」という共通性を持っている。よく似た立場なので対立や競争心を持つこともあるだろうが，校内でも協力しやすい立場にあるといえる。この問題意識より，伊藤（2003）は養護教諭を対象とした質問紙調査を実施し，保健室登校の子どもを多く抱えるほど養護教諭の多忙感が強まり，保健室登校に悩んでいる養護教諭はその相談役を兼ねることへの不安も大きいことを示している。そして，SCが既に配置されている学校では，保健室登校の人数が多いものの，養護教諭の相談活動に対する満足度が高いことが報告されている。

4. 連携の具体的内容

それでは，実際にどのような形で連携を行うのだろうか。ここでは問題が顕在化した児童生徒やその保護者にSCが直接関わった2つの事例を取り上げ，養護教諭をはじめとする教員や学外の関係者とどのように連携したかについて報告したい。ついで，個別相談以外での養護教諭との協働や連携のあり方について述べたい。

1. 個別事例へのチーム連携による援助
要旨を損ねない程度に事実関係については改変してある。

事例1：小学校5年生の女児Aさんの事例（主に母子との面談と連携を行った事例）

　Aさんは，抜毛癖が継続していることとクラスの備品を無断で持ち帰った疑いを持たれたため，養護教諭を通じてSCに母親との面談依頼がなされた。Aさん自身は体調不良で保健室に頻回に来室しており，SCが在室したときに一緒に話すこともあった。

　朗らかでさばさばした物言いをする母親であったが，子どもに対しては，おやつや本の購入を厳しく制限し，宿題や手伝いができないと罰を与えるなど，結果として懲罰的なしつけが行われることが多かった。面接初期では，母親は出来事を延々と話す一方で遅刻が多く，Aさんの気持ちへの気づきはあまりなく，養育行動にも変化がみられなかった。担任は「あのお母さんは変わらんでしょう」とあきらめ顔であり，SCも「すぐにはむずかしいでしょうね」と同意した（今から考えると，担任の無力感を受け止めるだけでなく，見通しを持ってもらうことが大切であったと感じる）。

　学校ではAさんへのプレイセラピーや親への指導的な関わりを求めて，Aさん親子に児童精神科への受診を勧めていた。しかし，初回受診の記入票が事前に送付され，母親は「たくさん記入欄があって書けないので受診できない」と困り果てていた。確かに記入欄が多いことと，受診に抵抗がある心情も理解できたので，その用紙を持参してもらい面接で一緒に書き込む作業を行った。過去に関する回答より，自身が父親からの厳しいしつけを受けたこと，幼い頃より家業である農作業を手伝ったこと，母親自身が数年前の交通事故による後遺症によるものか記憶が欠損しやすいことなどが明らかとなった。母親に許可を得て，担任や養護教諭に深く内省することやすぐに行動修正することが難しい旨を伝えた。

　Aさんは変わらず保健室で本を読んで過ごすことが続いていた。しかし，仲のよい女友達ができ，教室や学校に馴染むようになった。その影響でおしゃれへの関心が芽生えてきたが，母親はお金がかかると否定的であり，衝突することも増えた。すると，Aさんに性的描写のあるマンガを隠れ読む行動がみられるようになった。

　養護教諭は気持ちを語らないAさんの問題行動に振り回され，共感しにく

い様子だった。そこでSCが改めてAさんとの面接の場を設けたところ、「将来は心理の勉強をしたい。自分のような拠り所のない思いをしている子を助けたい」と述べた。そのことを養護教諭に伝えると「Aさんもいろいろ考えているのですね」と納得した様子であり、SCは養護教諭とCさんの心をつなぐことができたと感じた。その後、養護教諭にAさんの行動を心理面から理解しようとする姿勢がみられるようになった。

その後もAさんの問題行動は繰り返されたが、他者に気持ちを伝えることも増え、母親も試行錯誤の中で様々な制限がAさんの行動を引き出していることに気付くこともあり、夫との話で自らの辛い生育歴が育児スタイルに影響している点に気づく場面もあった。

事例2：小学校5年生の男児Bくんの事例（主に母親との面談と連携を行った事例）

Bくんは、小学校5年の夏頃に腹痛を訴えて不登校となった。父親は単身赴任であり、普段は母親が働きながら3人の子を育てていた。長男のBくんは下のきょうだいの面倒をよく見ており、仲間を気遣う大人っぽい面もみられた。不登校後、Bくんは習い事の先生より適応指導教室を勧められ、秋頃より毎日通うようになった。そして、中学校進学と同時に再登校するようになった。当時SCは母親と不定期に面談を継続しながら、適応指導教室に母親と同行したことがある。

今回、筆者の依頼により母親に当時を振り返っての面談が実施された。面談では、母親からみたBくんの不登校について以下のことが語られた。当時は「Bにストレスがかかっていたのだろうなと思う。結局私に甘えられないし、甘えては悪いと遠慮していた。下のきょうだいが多いので、本当は甘えたかったけれども、抱え込んで体に出ちゃったという感じですかね。自分が頑張らなきゃというパターン」と振り返った。そして、「適応指導教室の先生とそこに通う同年代の男の子がいなかったら、本当に今のBの姿はないだろう」と述べた。その他に母親の配慮として、「心の支えとしてカメを飼育」していたBくんにカメを買い与えたこと、「ずっと行かなくなるのが不安で、勉強の話はしなかった」こと、その分Bくんはカメの飼育、レゴ作りやパソコンなどを

楽しんで過ごしていたことが語られた。

　適応指導教室では「各学校の学級・学年便りが掲示してあるので，情報も分かり学校とのつながりもみえて」助かったことと，「教室で親の会ができていたが，きっと適応指導教室の先生が携帯番号とか教えてくれてつなげてくれたのだろう」と振り返った。

　教員による働きかけとして「小学校の先生も忙しい中，家庭訪問してくれた。担任がB一人のために部屋で国語の教科書を朗読して聞かせているのが聞こえて感激した」。母親も新しい担任との顔合わせではファミレスを使って双方の気持ちを和らげるなどした。

　卒業式当日，Bくんは式の終了まで担任と養護教諭の配慮で保健室に隠れており，児童は不在だが教諭のそろった中で，一人だけの卒業式を挙げることができた。母親も一緒に出席して，「感情があふれた」というエピソードも語られた。

　中学以降に再登校できたのは，新しい環境でそれまでのBくんを知っている人があまりおらず本人も安心できたこと，熱心な先生が3年間担任をしてくれたことが大きかったと母親は感じていた。小学校卒業当時，SCは小中連携により中学校でBくんの経過報告を行う機会があったが，管理職の「中学校でやっていけるかな」という心配顔が印象に残った。おそらくクラス分けにもなんらかの配慮があったのであろう。

　面接中に，母親より「つながり」，「つなげる」という単語が出てきた。そこで，「つなぐ」をキーワードに，なぜ連携が実を結んだのか学びとりたい。

　一つ目として，適応指導教室の勧め，教室での原籍校のお便り掲示，親同士の連携，小学校担任の家庭訪問，保健室から移動しての卒業式への出席，小学校から中学校への移行など，Bくんや母親に対してさまざまな人や場所につなげようという外的な働きかけがなされていた。二つ目として，母親自身が子どもと教員をつなげ，社会・人的資源を積極的に活用しようとする態度が印象に残った。当時，適応指導教室の訪問で教員と保護者らの面談に同席したSCに対して，母親から「お母さん同士だと気持ちが分かるので泣けるばかりだが，第三者のSCがいるとそのような自分を客観視できた」との感想をもらった。このように，他者からの働きかけに母親からも応答がありつながろうとす

る意志が感じられた。またBくんも自分なりのペースで教室や学校の支援を受け入れたことにより、さまざまな連携活動をいっそう促進させたのであろう。

その一方で、母親は「適応指導教室の部屋で一人過ごせる部屋があった」と回想し、「子どもが一人になりたいときもあるから」と述べていた。このことより、被援助者が求めていないときに、援助者が支援を一方的に押し付けないように、緩急自在につながることが必要であるとも感じた。

最後に、母親に学校や保健室、SCに対する要望がないかと尋ねたが、明確な返答はされなかった。遠慮もあるだろうが、当時は様々に感じたものの現在はBくんの様子も落ち着いており、思いが薄れているのかもしれない。

2. 心理教育

養護教諭は、身体症状を訴える中で健康問題や心理的な援助を求めてくる生徒に日常的に接している。この場合は、既に顕在化した問題の解決、深刻化や長期化を防ぐことを目的としており二次予防の段階にある。それだけでなく、一次予防として児童生徒全体を対象に問題の発生を未然に防ぐ教育活動が必要とされている。

養護教諭は、生徒の心身の成長と健康の維持増進に関する知識とスキルを持っており、問題を抱えた子どもやその保護者と面談する機会が多く、そのニーズを把握しやすい。
このような背景から、近年養護教諭には児童生徒の健康教育プログラムの提案が求められている。そこで、SCが心理教育に関する知識とスキルを提供することで協働することができる。個人的体験として、中学校の養護教諭A先生の提案により、「アンガーマネージメント」をテーマに3学年合同の保健集会を実施した。A先生は、当校の生徒について「感情がつながらず、切れてしまう子が多い」との見立てを持っていた。日常生じやすい葛藤場面の寸劇を保健委員会の生徒らの自作・自演で行い、劇の後でSCと養護教諭による解説を加えた。解説の趣旨としては、怒り自体を意識することは必ずしも悪ではなく、少しずつ表現しないと積もり積もって噴出してしまうと図示して、怒りについてどのように対処をすればよいかについて考えてもらった。通常の授業や講話と異なり、集会での生徒の生き生きとした姿が印象的であった。生徒のアンケ

ートからも，「話が分かりやすかった」，「教わった対処法を使ってみようと思う」などと概ね好評であり，意外にも生徒の心理学への関心が高いことを知った。

また，別の中学校では研究事業として生徒間のピアサポート制度に取り組んでおり，仲間どうしのサポートによって不登校や不適応，問題行動を予防する試みを行っていた。ピアサポーターの研修会において，SC は他の SC と協力して傾聴技法による関わりとエゴグラムによる自己理解について演習を行った。その他にも，保護者対象の研修会で「思春期の子どもの心理」について講師を務めたり，SC 通信で随時ストレスマネジメントや日常的生活における心理学の話を掲載して生徒に SC の活用をアピールし，心の問題について関心を高める試みを行ってきた。

SC は教員・保護者のニーズや子どもの発達段階や集団全体の課題をふまえながら，教員と協働して，児童生徒，保護者・教員対象の研修，SC・保健室便りの発行など，様々な構成員への心理教育活動を行うことが可能である。

3. 教員と雑談をする

保護者との面談で SC は子どもに対するさまざまな期待や訴えに出会う。教科書を開こうとしない，朝寝坊してばかりである，友達とうまくやってほしい，親に反抗する…。多くの親は当然ながら子どもや子育てに対して自分なりの意思や信念を持っているが，それが対象児にとっては固すぎるあるいは揺らぎすぎており，子どもの心情をくみ取りながら微調整する余裕がない状態にある。それを仲介しながらちょっとした変化のきっかけを待ち続ける SC の仕事は，根気がいる。相談を受け続けると，ほどよい親子の距離感がわからなくなることもある。

このようなときに教員から適度に揺れ動く親としてのエピソードを聞くと，「思春期の子どもと親のつきあいはこんなものか」と安堵することがあった。過去の活動記録から具体的エピソードをたどる。

状　況：養護教諭 D 先生の息子（中学生）が小説『ナイフ』を図書館で借りようとしていた（注：『ナイフ』とは，いじめに遭う息子のためにナイフを

握りしめる父親の心情がつづられた重松清の小説）。
　D先生：「ええ，それ読むの？（心の声：もっと明るい本にしてほしい！）」
　息　子：「でもさ，だいたい中学生なんてそんなもんだよ」
　D先生：「そうなの!?（絶句）」
　筆者の感想：「いかにも思春期」なやりとりがツボにはまった。息子が学校生活をたくましく生き延びている様子，そんな現状を母親にぶっきらぼうに伝えていること，ちょっと揺れながら付き合う母親の姿が伺われた。

　ときには真剣な育児相談となる場合もあり，育児談義とは異なるので真剣勝負の仕事モードに切り替えた。このように息抜きとも活動の指針ともいえる雑談には重要な話も隠されており，一概に無駄とは言い切れない。SCとしても活動の中で実益を兼ねた楽しみをみつけられるとよいだろう。しかし，他の職務に支障をきたさないか自己管理することも必要である。

4．養護教諭の接し方から学ぶ

　養護教諭は看護的な手当てを行うことが多く，そこから子どもとのスキンシップの取り方や体のケアをすることが心をほぐす効果をもたらしている。
　それ以外にも，養護教諭と複数の保健室登校の母親との会話を聞くことは参考になった。養護教諭がファシリテーターとなって話をつなぐことによって，母親同士の会話だけではなく，養護教諭自身の子育て談により悩みすぎず，軽妙に，それでいて含蓄ある語りが展開されるのが興味深かった。また，養護教諭が一人の母親だけにではなく，いろいろな人に偏らずに接しているのが印象的だった。
　本来このような仕事は養護教諭の業務ではなく，自然発生的にお母さん同士での話し合いができればよいのだろう。しかし，保護者面談を行っていると，昨今の母親間の付き合いでは細々した気苦労がうかがわれる。子どもを友達宅に遊びに行かせるときにはいくらのお菓子を持たせなければならない，幼稚園・小学校からの付き合いが濃すぎて母親集団に入っていけない，不登校になった子どものことを噂しているのではないかと他の母親と話ができないなどといった苦労話は多い。もとより昔ながらの地域の付き合いのない核家族・

転勤族の母親は，孤立しがちである。地元の出身であっても，かえって家庭の事情や世間体を気にして子どもの問題について話しにくい場合も見受けられる。ペアレント・メンター（日本ペアレント・メンター研究会，2014）の機能が注目される昨今，保護者の会が参加者の気持ちを楽にさせたり，子どもへの理解を深めたりなど，グループ・カウンセリングの効果を持つとされ（伊藤，2002），このようなグループ活動を SC や養護教諭が提供できる可能性はある。

5. 依存の問題あるいは相性が悪い場合

養護教諭と SC は立場が似ており，援助志向が強いゆえに学校に対する思いも重なりやすい。特に多忙な管理職と打ち合わせにくく SC にも遠慮がある場合，なおさら養護教諭に頼ることが増えるだろう。その場合，SC だけでなく養護教諭も同様に他の職員に相談しにくい状況があり，お互いに密接な関係となりやすい。そこで支え合うことができる反面，他とのコミュニケーションから閉じてしまわないように留意する必要がある。

その一方で，当然ではあるが教員と SC の相性が合わない場合も出てくる。SC や教員個人の課題，双方のライバル意識，お手並み拝見といった放任主義，別の SC とのトラブルなどで教員に否定的に捉えられている場合もある。趣味や共通点などを見つけて距離を縮める努力や，「子どものため」という大きな共通目標を明確にして折り合いをつけられるとよい。SC は週数日来校するいわゆる「外の人」であり，毎日勤務する人間同士よりも対人距離の調整を行いやすい。ただ悩みが深い場合には，冒頭の「学校アセスメント」を実施し，人物や組織の相関図を描いて問題の所在や対策を考え，ときにはスーパービジョンを受けることをお勧めしたい。

5. おわりに

一見 SC には「子どもや保護者と面談する人」といった印象が持たれやすい。しかし，実際には教職員との打ち合わせや情報収集，相互コンサルテーションの比重が大きく，それによって依頼ケースの見立てや経過が大きく左右されることを理解いただけたであろうか。

様々な人とチームを組んで動くSCの仕事は，個人臨床とは異なりバランス感覚が要求される。また，専門的知識だけでなく社会常識やユーモアといった対人スキルも試される。SCは相談活動の専門家ではあるが，SC自身は（そして教員も）ヘルプ・シーキングを出すことが苦手な職種といえるかもしれない。共に援助されることに慣れていないため，連携に戸惑いや抵抗を感じることもあるだろう。それでも，週1回程度の勤務のSCが学校で機能するためには，子どもや学校とSCのよい「つなぎ手」の存在が必須であり，SCもつながろうとする態度が大切である。養護教諭や様々な先生との関わりの中で，現在可能な／今後期待されている仕事の見極めを行っていく手がかりにもなる。

ある研修会において家族療法の専門家が，学校においてSCが「既存の枠の邪魔にならない人でいいのか？」と主張した。これを聞いて筆者は，教職員集団への適応にばかり目が向いていた自らを反省した。教員の意向を気にしているだけでは，今まさに困っている子どもや保護者の思いが後回しにされ，教員の子ども理解や学校の体制作りが進まないおそれもある。当然ながら教員とSCでは援助の目的や方法が異なることで，摩擦が生じることもある。しかし，子どもの成長や問題の解決に向けてによい兆しが見えたときには，チームで喜びを共有できる醍醐味のある仕事である。

文 献

新井肇（2004）チーム援助と養護教諭．今月の特集 養護教諭と連携した生徒指導，月刊生徒指導，34(11):16-21.
伊藤美奈子（2002）スクールカウンセラーの仕事．岩波書店．
伊藤美奈子（2003）保健室登校の実態把握ならびに養護教諭の悩みと意識：スクールカウンセラーとの協働に注目して．教育心理学研究，51(3):251-260.
伊藤美奈子・平野直己編（2003）学校臨床心理学・入門．有斐閣．
文部科学省（2014）平成25年度児童生徒の問題行動等生徒指導上の諸問題に関する調査　http://www.mext.go.jp/b_menu/houdou/25/12/1341728.htm（2014年9月31日）
日本ペアレント・メンター研究会（2014）ペアレント・メンター活動ハンドブック：親と地域でつながる支援．学苑社．
田村節子・石隈利紀（2003）教師・保護者・スクールカウンセラーによるコア援助チームの形成と展開：援助者としての保護者に焦点をあてて．教育心理学研究，51(3):328-338.
東京学校臨床心理研究会編（2013）学校が求めるスクールカウンセラー──アセスメントとコ

ンサルテーションを中心に．遠見書房．
内田利広・内田純子（2011）スクールカウンセラーの第一歩―学校現場への入り方から面接実施までの手引き．創元社．
山本淳一・池田聡子（2005）応用行動分析で特別支援教育が変わる：子どもへの指導方略を見つける方程式．図書文化社．
吉田克彦・若島孔文（2008）小学校スクールカウンセリング入門．金子書房．

第8章
スクールカウンセリングにおける支援
管理職との連携

堀　英太郎

1. はじめに

「校長室に何回入ったことがありますか？」「教頭先生に行き帰り挨拶をしていますか？」

スクールカウンセラー（以下SC）は，学校長の管理のもと，組織の一員であることを考えれば，連携の必要性は言うまでもないが，実は「言うは易く行うは難し」である。「面談の内容をどの程度伝えたら？」「伝えても面倒臭そうな顔をされたら？」「積極的にと言われてもどのくらい声をかけたら？」日々迷い，ましてや管理職との連携ともなれば，恐れ多く感じるのは当然である。

本論に入る前に，管理職，特に学校長の「しんどさ」について触れておきたい。学校長は学校に関わる全事に責任を負う立場である。教職員から様々な意見が出る中，最終決断をしなければならない。生徒や保護者とトラブルが生じた際は，自分が一番に対応したくても，立場的に出られないこともある。また，教職員のメンタルヘルスにも気を遣わなければならない。教職員の集団力動を考えれば，誰かに愚痴を言うことも難しく，中立性を保つ必要もある。この「しんどさ」を理解することは，管理職と連携するための第一歩になる。

SCは，通常業務においては担任，学年主任，相談担当係，養護教諭との連携が中心となる。そして緊急的な事案の場合に，管理職との連携が必要となる。

本論では，管理職まで焦点を広げ「連携」について論じたい。

2.「連携」再考

　連携とは，「連絡」と「提携」を意味し，それぞれの組織や立場の者が，それぞれの役割をきちんと果たすことを前提に，互いの組織の利益のために連絡を取り合い，共通な部分で提携し合うものである。ところが，SCの専門性である守秘義務，外部性などを考えると，一筋縄ではいかなくなる。現場では，「守秘義務が連携の邪魔をする」という言葉もよく耳にする。まず，守秘義務と連携について考えたい。

　一方として，学校内では集団守秘義務があるので，例えば面接内で知り得た情報は，できる限り相談者の了解を取り伝える，もし了解が取れなかった場合でも「知らないことにしておいて下さい」と断りを入れて伝える，という考え方がある。これは，SCが相談室での個別カウンセリングに重きを置いたり，守秘義務を強く意識するあまり教員に十分な情報を提供しない，という批判から生まれてきたものである。しかし，例えば了解を取らずに伝えることは，それこそクライエントとの信頼関係を裏切ることにならないか。伝達することの背景には，SC自身が秘密保持のしんどさに耐え切れないから，ということも考えられる。

　他方，SCの専門性ということを考えれば，クライエントの今ここでの姿だけでなくその生い立ちや，例えば保護者の職業や家族構成など，教員が聴きにくいことも聴き，総合的な見立てを伝達する必要がある。また，教員とは異なる立場だからこそ，秘密や批判を聴くことができる。しかしこれは，連携の取れなさを，外部性の尊重という名のもとに自己正当化してしまう危険性もある。また，教員に対して同僚性よりも異種性を感じさせることは，SCとしての意見を聞き入れてもらうことの難しさにもつながる。予防，未然防止の考えが広がる中，SCの外部性については再検討が望まれよう。

　このように，教職員集団に溶け込むことが重要である反面，教員とは異なる外部性というものを維持し，馴れ合いにならないようにしなければならない。では，よりよく連携するためにはどうすればよいのか？そのためには，「相手

を知る」「自分を知ってもらう」の2点が重要である。

3. 相手を知る

1. 学校文化と心理文化

教育と臨床心理学は,「子どもの成長を育むために」を目標に共通するものが多い。これは,教育基本法,学校教育法,学習指導要領,生徒指導提要などに目を通してみるとより理解できる。しかし本論では,両者の考え方の違いにも着目したい。違いが分かって,初めて連携できることも多い。

表1に,それを示す。これは,筆者の経験に基づくもので,分かりやすさを優先しており極端な分類となっている。どちらが良い,悪いということではない。私たちSCは,学校文化を理解しながら,心理文化を少しずつ浸透させていく謙虚さが必要である。

［風土］学校は,病院などに比べて明るく賑やかである。そして,児童の病理面より健康面を重視する。一方心理士は,その中に置かれても除外診断という考えを持ち,病理面への見立ても軽視してはならない。守秘に関しては,学

表1 学校文化と心理文化

	学校文化	心理文化
風土1	明るく元気	物静か
風土2	健康面,成長を重視	病理面,治療を重視
風土3	集団守秘	個人守秘
対象	全生徒・保護者	主に悩んでいる者
出会い	毎日出会う	主に週1回,定期的
援助者の特徴1	教え,伝える・能動的	受容,共感・受身的
援助者の特徴2	時間を超えても聴く	時間で区切る
援助者の特徴3	主に集団を扱う	主に個人を扱う
援助者の特徴4	対応中心・結果重視	理解中心・プロセス重視
援助者の特徴5	突然の異動	事前に終わりを告げて扱う
訓練1	授業や生徒指導	自らの感情や特性
訓練2	自尊心を満たす	自己愛をチェックする

校では集団守秘を重視し，職員室内での共有を図る。また児童へのアプローチの仕方について，教員は，日常のクラス内の人間関係を用い，自己開示などもしながら接近を試みる。心理士は，守秘は厳格，自己開示には慎重なことが多い。

　［対象・出会い］これは，いわゆる治療構造論とも関係する。学校では，いつでもどこでも，例え心理的動機づけが低かろうと，嫌そうな顔をされようと，関わらなければならない。生徒指導などではあえて嫌われ役を引き受ける必要もある。皆を平等に見ながら，目立たない子にも注意を向ける。一方心理士は，主に悩んで来談してくる者を支えるという限界がある。しかし，廊下ですれ違った際の声掛けから相談が始まるなどの面白みもある。また，定期的に会うことで，安心感を与え，欲求不満耐性や考える力を育むことができるが，思春期の子どもたちには縛られた感じを与えることもある。

　［援助者の特徴］教員は，話を聴くよりも，何かを教え，伝えることに力点が置かれる。それは，「正しい助言を与えなければならない」という圧力に晒されているとも言える。そのため，自己を犠牲にして長時間対応することもしばしばである。これは，サービス精神という名の下，時間を区切ることへの罪悪感が関係しているかもしれない。筆者は，心理士の「時間を区切るなど枠の大切さ」を学校現場に導入することを重視している。時間延長は，互いの耐性の問題である。また教員は，授業や行事などを通して集団力動を把握し，それを活用する専門家である。そして，「卒業式や体育大会にはクラス全員を揃わせたい」との思いが強い。この「集団ありきの個」という考えは，心理士の「個ありきの集団」との考えとはやや異にする。そして，教員に求められるのは，理解よりも対応，プロセスよりも結果である。事例検討会で，その子の生き様より，どうしたらよいかに議論が終始してしまうことも稀ではない。担任の，自分のクラスから不登校を出してしまった時のその傷つきには心を打たれる。しかし教員は，忙しさのあまり振り返ることもできない。筆者は，「たとえずっと登校できなくても，先生のその継続的な関わりが，生徒の今後の人生に必ず活きてきます」とよく伝える。また，教員は突然異動になる文化であり，私たち心理士の，事前に終わりを告げお別れの作業をする文化とは異なる。別れを考えるのは辛く，避けたくなる。生徒と別れることを，「何でもない」「当

たり前」と考えないようにしてしまう。一方，終わりを告げられないことで傷つくこともある。

　［訓練］教員は主に授業について訓練を受ける。一方心理士は，スーパービジョンなどを通して，自らの感情や特性への理解も深める。教員は，自分の努力で生徒から「先生のおかげです」「先生が一番です」と言われることを喜ばしいものと受け取り，この理想化や依存をポジティブに捉えがちである。一方心理士は，過度の理想化を向けられたとき，誇らしげに感じるなど自己愛が満たされたとき，何をクライエントから投げ込まれているかをチェックする必要がある。これは，引き継ぎの際などに顕著に現れる。

2．個人の見立てから関係性の見立てへ

　個人の見立てとしては，神経症圏～人格障害圏～精神病圏といったいわゆる病態水準に加え，管理職の場合，リーダーシップ理論や分類（カリスマ・権力者型，調整者型，変革者型，支援者型）などの知識は有用である。

　加えて，特に学校臨床では関係性の見立ても重要となる。学校長と教頭との関係性，管理職と他職員との関係性などである。これは具体的には，職員室を一つのクラスとして観察し，例えば，学校長が職員室にどの程度出入りするか，職員室内での教職員とのやり取り，外来者の受け答えなどが参考になる。さらに，教職員集団を一人のクライエントとして考えると，ビオンのグループ理論は有用である（Bion, 1961）。組織にも，個人でいう「無意識」に相当するものがあり，組織の課題遂行を促進したり妨げたりする。組織が課題をうまく遂行できているときには「作動グループ Work Group」と言い，組織の不安が課題遂行を妨げているときには「基底的想定グループ Basic assumption Group」と言う。基底的想定グループとは，具体的には「依存グループ」「闘争・逃避グループ」「ペアグループ」である。例えば，教員との事例検討会を想像してみたい。司会者やSCに適切な助言など救世主役割を求めるのは，依存グループの現れである。意見が分裂した際に，事例発表者をスケープゴートとして責めたり，「家庭や医療機関のせいだ」と外部に共通の敵を作るのは闘争グループ，我関せずの態度や居眠りをしたりは逃避グループの現れである。また，全体での話し合いなのに二人でひそひそ話し込み，まるで何か新しいも

のが生み出される幻想が感じられるときはペアグループの現れである。このような現象は様々な場面で現れるが，組織としての防衛を理解し，組織がどのような不安や痛みや傷つきを和らげようとしているのかを見ていく必要がある。

4．自分を知ってもらう

連携を考える上では，相手を知るだけではなく，自分も知ってもらわなければならない。実はSCを含め心理士はこれが結構苦手である。現職研修は，SCにとって負担感を生じやすいが，自分を知ってもらう絶好の機会であると受け取りたい。SCの職務である5つの仕事，カウンセリング（相談面接），コンサルテーション（先生方への助言），コーディネーション（他機関との連携），予防教育，校区地域への援助について，SC自身の考えを，自己紹介なども含め，謙虚に，そして自信を持って伝える機会にしたい。加えて，いじめ等対策委員会など会議での発言，授業観察した際のコメント，保護者対象の講演会なども，自分を知ってもらう重要な機会である。職員室でのコンサルテーション，SCの立ち居振る舞いを管理職や教員はとても見ていることを，ポジティブに捉えたい。

5．事例

実際，管理職との連携が必要となるのは，生徒からのいじめ相談，虐待の疑いが判明したとき，万引きや薬物使用，援助交際など触法内容を聴いたとき，自傷他害の危険性が疑われたとき，妊娠や性被害，教員の不祥事が明らかになったときなどであろうか。また，保護者からクレーム相談を受けたとき，教員から個人的な相談をされたときなども，管理職との連携が必要となる。

本事例は，小・中・高校での通常の相談活動で，早急な対応が必要と思われたものである。加えて，緊急支援時の事例についても報告する。なお，管理職との連携が主題なため，伝達することに重きを置いた事例が中心だが，実際には伝達を控える場合もある。事例は，筆者がSCとして経験したものを組み合わせた仮想のものである。

事例1（小学校）：保護者からのいじめ相談

　SCの勤務形態：約2ヶ月に1回，半日の巡回相談。勤務15年目。

　学校の風土：のどかな地域の小規模校。教員間の連携はよく取れているが，管理職と教員との間にはいくらか距離がある。

　管理職のタイプ：闊達な女性校長，穏やかで物静かな男性教頭。学校長とSCは，以前からの知り合いである。

　内容：1学期早々，相談申込票には「いじめについて」とのみ書かれ，小5女子児童の両親が来談された。母親は，相談室に入室するや否や，かなり憤った様子で「私の子どもがいじめられているんです。鉛筆がなくなりました。誰かに取られたんです」と言う。そして，「担任にそのことを伝えたら，『事実を確認します』と言うんです。事実確認って何なんですか？誰かに取られたに決まっているんです。あの担任では，解決なんてできるわけがない」と批判する。その勢いは激しく，SCに対しても「どうせあなたも学校の仲間なんでしょう」と攻撃的になっていく。SCは，「私は教員とは異なる立場です。まずはじっくり話を聴かせてください」と，外部性を意識した発言をする。母親は，それにはホッとした様子を見せる。しかし，母親は自分の子どもがいじめられたと主張するだけで，子ども同士の関係性や自分の子どもの問題も考えてみようというゆとりには欠けていた。更に，母親が，子どもがいじめられたと考えた根拠は，鉛筆がなかったことだが，他の可能性については全く考慮されず，盗られたと強く主張する姿からは，病的でパラノイックな印象を受けた。また父親は，その妻の態度に辟易した様子は見せるが，妻に取り込まれている感じでニコニコしており，この笑顔にも違和感が残った。

　SCからは，「事実確認は重要である」「これは，学校長の耳にも入れておく内容である」「もし今日この後空いていれば，学校長と話していかれるとよい」などと伝えた。学校長は，いつもSCの保護者相談の後は保護者に声をかける方なので，うまく話を聴いてもらえるだろうとの判断からであった。最初母親は，「この学校はぐるになっているから話したって仕方がない」と拒否を示すが，SCから再度促すと同意された。父親は「僕は仕事がありますので」と帰宅した。

　SCは，学校長に事情を説明しに行った。学校長は状況を理解され，担任の

みでの対応では難しいことも確認した。約1時間，学校長，教頭，母親の3名で面談を行った。その後の情報交換は，あえて担任は外し，管理職とSCの3名で行った。いじめの可能性については現実的に確かめる必要があり，いじめアンケートを取るかどうかなども含め，学校長，学年主任などを中心に徹底した対応をお願いした。一方，母親の不安を軽減するため医療機関を紹介する場合，専門家の対応が必要と判断し，SCが継続的に関わっていくこととなった。

事例2（中学校）：生徒の虐待疑いと，通告についての管理職との意見の相違
SCの勤務形態：週1回。勤務1年目。
　学校の風土：市の中心部にあり，勉学に力を入れている大規模校。学年でのまとまりはあるが，ひんやりとしている。
　管理職のタイプ：やや高圧的だが統率力に欠ける男性校長，ほぼ校長に対等にものが言える男性教頭。
　内容：ある2学期，相談箱に「殴られた」との紙が入っていたが，名前が書かれておらず介入できない出来事があった。数日後の昼放課，若い男性教員から，「クラスの男子生徒が顔にあざを作って登校した。少し声をかけたが，拒否をするでも乗ってくるでもなく。どうしたらよいか？」と相談を持ちかけられた。担任と生徒との関係は悪くなさそうである。SCは，放課後，本人と担任，SCの3人での面談を提案した。
　放課後，担任に連れられて生徒がやってくる。これまで廊下ですれ違った程度で，ほぼ初対面の生徒だった。中2にしては華奢な感じ，表情が動かないことが気になる。最初はおどおどした様子だが，拒否する感じでもない。SCから自己紹介をすると，「知ってる」とぶっきら棒に言うだけだが，趣味について尋ねると，電車について乗り出して喋る。その後，顔のあざについて聴くとドキッとした様子を見せるが，何も話したくない感じではない。「どうしたの？」と尋ねると，「階段で転んだ」と言うが，更に突っ込むと，担任からの励ましも受け「お父さんに殴られた」と言う。よく話してくれたことを労う。家族について問うと，両親ともに再婚で，自分は母親の子，高校生の兄は父親の子であると説明してくれる。「今日初めて殴られたの？」と尋ねると頷くが，

先程よりもさらにドキッとした様子から、明らかに隠しているように見える。担任がうまく「怖くないから正直に話してみよう」と伝えると、「一緒に住み始めてから結構殴られている」と、腹部の傷跡を見せてくれる。また、「家の外に出されたり、ご飯を抜かれたりすることもある」と淡々と語る。担任は、今まで気づいてあげられずショックを受けている様子だが、そのあたたかい気持ちが伝わってくる。SCから、「これはとても大切なことなので、管理職にも伝えさせてほしい。それから対応を考えたい」と伝えると、「お父さん、逮捕されてしまうのではありませんか？」と紋切り口調で言う。「これは命に関わることだから、このまま聞くだけでおしまいにはできない」と再度伝えると、「わかりました。お願いします」と意外にもあっさり言うので、SCと担任は内心非常に驚いた。

　SCと担任は、虐待が継続的に続いていること、本人の淡々とした様子は事の深刻さを表していることから、これは危機的な状況で、児童相談所に通告したほうが良いと判断した。学校長は不在のため教頭に伝えると、「すぐに通告しよう」「それよりも、このまま帰らせてよいのだろうか？」と危機感を受け取った。その1時間後、学校長が戻った。学校長は、「あの父親は喧嘩っ早いことで有名で、昨年は学校に怒鳴り込んできた。あまり大事にはしたくない。今までの父親との関係を大切にしたい」「通告は見送り、様子見でよいのではないか」と述べる。意見の相違に折り合いがつかないため、学校長の考えを尊重しつつ、事故防止のため担任と本人が密に連絡を取り合うことを約束して帰宅させた。その数日後、偶然近所の方が児童相談所に通告し、保護となった。

事例3（高校）：生徒からの緊急相談

　SCの勤務形態：主に隔週。勤務7年目。
　学校の風土：郊外に位置する困難校。退学者が多数出るが、教員間の連携は非常に密で活気がある。
　管理職のタイプ：男気を感じさせる男性校長、穏やかな男性教頭。
　内容：夏休みが近づく放課後、相談室を開放して本を読んでいるとノック音がする。出向くと生徒が立っている。SCとは初対面、大人びた感じの女の子である。周りの目を窺いキョロキョロ、怯えた様子も見せ、何かしらの緊急事

態が予測された。

「よく来たね。とりあえずここに座ろう。次の人まで30分くらいあるから，ゆっくり話せることから話してごらん」と伝えると，「実は……」といきなり泣き始める。色々と聴きたいことが思い浮かぶが，しばらく待つことにする。すると決心したように涙を拭い，SCの顔を見て，「先生からこんなメールが送られてきたんです」と携帯を見せる。それは部顧問からのメールで，「好きだ」など告白の内容であった。そして，「『夏休みに二人で会いたい』と連絡が来たが，どう返してよいかわからない」と，動揺した様子である。「自分も先生に『好きです』と返したが，二人で会うことを想像すると怖くなってきた」と言う。虚偽的，演技的なところは感じられない。「とても怖かったし，誰かに相談することも随分迷ったね」と伝えると，「友達や保健の先生に相談しようかと迷っていたら，そのまま放課後になってしまい，ちょうど相談室の前を通ったら灯りがついていたので入ってみた」と。「SCと二人きりが怖いようなら，保健の先生にも同席してもらうかい？」と尋ねるが，怯えは次第におさまり，SCとの距離は縮まっていく。家族について尋ねると，「母と妹との3人暮らし。母は夜遅くまで働いていて，相談したら迷惑をかけてしまう。父は小学校に上がる時に離婚したので，父親の愛情に飢えていた。だから好きだと言われ嬉しくなってしまった」と素直に語る。

ここまでで約30分が経過する。生徒の訴えの信頼性は高く，彼女の健康度は高いが，緊急対応が必要と判断した。そこで，「よく話してくれた。ただ，次の自分の勤務は2週間後。これをそのままにしておくことはできない。SCが信頼できる先生，具体的には学校長，学年主任，養護教諭に伝えてよいか？」と伝えると，急にビクッと顔つきが変わり，「それだけは絶対にやめて欲しい。顧問の先生に迷惑がかかってしまう」と言う。「全ての先生に伝えることはない。この部顧問は，教員として間違ったことをしている。学校長をはじめこの3名はSCが信頼できる人。適切な対処をしてくれると思う」と伝え，やや強引ではあるが了解をもらった。SCからは，二人で会わないこと，今後メールはしないこと，学校長から部顧問に注意してもらうことなどを伝えた。

その後SCは保健室に出向き，養護教諭に本人のサポートをお願いする。そして，校長室に行き状況を伝える。学校長は，「わかった。管理職として本当

に申し訳ない。生徒の了解を取ってもらい感謝する。僕が今から呼び出して注意しよう」と即座に決断された。

事例4（高校での緊急支援）：校内での自死事案
　SCの勤務形態：SCスーパーバイザーとして，基本的には単発での緊急支援。
　学校の風土：都会の進学校。教員は進学に力を入れているが，それぞれが独自に動いている。
　管理職のタイプ：他者配慮性が高い男性校長，教育委員会や相談活動に批判的な男性教頭，我関せずマイペースな男性教頭。
　内容：3学期始めの夜，教育委員会より電話が入る。「生徒が校舎4階より転落した。意識不明で命の危ない状態。明日の9時，学校に入ってほしい」とのことであった。
　学校長自ら，出迎えてくださる。玄関で「生徒は亡くなった」と言われ，大きな失意が伝わってくる。しかし，校長室に入るや否や，いじめアンケートをするかどうか，するならどのような書式で行うかなどの判断を仰がれる。SCは過度の理想化を向けられ戸惑う。「判断する前に，現況について関係者と会議をしたい」と伝える。そのような中，教頭2名がやってくる。一人は明らかにムスッとし，SCは外部からの侵入者として，強烈な陰性感情を向けられたように感じた。そのままの流れで，職員会議に参加。SCはいきなり学校長の横に立たされ，教頭から発言を求められた。挨拶程度に留めた。
　慌ただしく，全校集会の観察をし，関係者を交えての緊急支援会議に参加する。会議には，管理職に加え，担任，学年主任，生徒指導主事，保健主事，養護教諭が同席された。しかし，なかなか司会者や発言者が決まらず，不穏な空気が流れる。次第に，「原因は家庭にあるのではないか」「もし受験のプレッシャーなど学校の責任を問われるなら，私たちは教員としてやっていけない」などの意見も飛び交い，会議はますます紛糾していく。危機的な状況の中で，原因を外に求めることで，なんとか学校機能を維持しているようだった。亡くなった生徒の痛みを分かち合うなど，とてもできない雰囲気であった。
　昼食の時間となり，SCから学校長に「一緒に食べませんか？」とお誘いし

た。そこでは，以前から職員間でうまくいっていないこと，管理職の間でも考え方の相違があることなどが話され，会議での不穏な空気の意味が理解できた。1時間ほどであったが，遺族，いじめアンケート，マスコミ，気になる生徒，保護者，教員への対応について，ある程度対策を整理し，方針を立てることができた。

　その後は，気になる生徒と教員の個別面談を行った。報告して帰ろうと思うが，学校長と教頭1名は，生徒宅に行っているため不在であった。残っている教頭に伝達しようとするが，「僕にはいいから」と拒否された。鍵となりそうな保健主事に，面談の状況などを報告し帰宅した。翌日，教育委員会を通じて学校長よりSCに電話が入った。状況をお伝えし，今後の支援計画について確認し合った。

6. 考察

　事例1～3のように，通常勤務における管理職との連携は，緊急性が高いものが対象となる。面談では，常に緊急性の見立てを念頭に入れておく。そして，緊急性が高いと判断した場合，誰に何をどのように伝えるか，考える必要がある。また，SCの勤務形態（週1回か，月1回かなど）によって，SCがどこまで引き受けるか，つなぎ役・黒子に徹するかなどについても判断する必要がある。連携を取るための留意点を以下に挙げる。

1. 普段からの個人や関係性の見立て

　これは，「3. 相手を知る2.」で述べたことである。「連携」というが，普段からの人間関係が大切であり，何でもないことを会って話す機会を大切にしたい。相手も遠慮しており，こちらから出向く勇気も必要である。まずは学校長，難しければ教頭とやり取りするとよい。管理職の人柄や考え方を知ることは，緊急事態になった時に生きてくる。また，歓送迎会や打ち上げなど，半インフォーマルな関係も大切である。しかしそこでも外部性は意識し，小グループに属さないという考えは持っていたい。

2. 予防・未然防止のための生徒が相談しやすい環境作り

　外的工夫としては，相談室の場所や相談箱の設置などがある。例えば相談箱は，匿名にするか，誰がどのように管理するか，学校と十分話し合い，それを適宜子どもたちに伝えていくことで，SC に直接相談できるルートの確保にもなる。

　SC として，教員とは異なる雰囲気作りを意識することも大切である。例えば授業観察では，できるだけ笑顔で，体育や休み時間など自由度の高い場面に留め，監視にならないようにしたい。子どもが居るときは，あまり特定の教員と仲良くしていることを見せないほうがよかろうか。心理士として，明るさの中に，タナトスへの親和性も持っていたい。

　また，面談開始時における自己紹介，守秘義務の説明にも，工夫が必要である。何も言わない場合，「基本的に秘密は守るが，自傷他害の危険性がある場合は守れないこともある」程度は伝える場合，もしくは最初から詳細に説明する場合など，様々であろう。学校では集団守秘義務，校内で情報を共有することが大切だが，ある程度秘密を守ることも SC の職務であり，集団守秘義務と外部性のバランスについて，常に考えなければならない。このバランスは，2.「連携」再考で述べた通り，重要な点である。

3. 緊急性の見立てと，伝達への了解努力

　面談で語った内容の信頼性，態度や様子，生育歴などを総合して，SC で留められるか，管理職を含めて連携する必要があるかなど，判断する必要がある。面談では，まずはクライエントの考えや気持ちを聴くことが重要であることは言うまでもない。しかし緊急性が高いときには，焦らず，教員の誰かに伝えて対処してもらうことへの了解努力をしなければならない。確かに秘密を守ることも大切だが，校内で面接をしているという構造からも，クライエントには，他の誰かに知ってもらいたい，助けてもらいたい，という思いが潜在的にあると思われる。

4. 管理職に伝達する際に気をつけること

　SC は，子どもたちの痛みや危機を伝え，学校に動いてもらえるよう努力し

なければならない。伝達された学校長も，本人の了解がない場合は動くのが難しくなる。伝達する際は，まずは教員のプライドを大切にし，ねぎらう。そしてお願いする際は，簡潔に要点をまとめて，見立てと方針を伝える。その際には，「○○との言葉から，△△と思ったので，××したいのですが」と根拠を示すとよい。事案が落ち着くまで，継続的に話し合っていくことを提案してもよいだろう。

　一方，事例4のように緊急支援時は，直に学校長とのやり取りとなるので，情報交換は必然となる。基本的には一回きりの支援であるため，外部性が維持され率直に意見が言いやすい。しかし危機状況のため，救世主を期待しての理想化，外部からの侵入者への敵意や恐怖など，強烈な感情が向けられる。これを自覚しておかないと巻き込まれてしまう。また緊急時においては，管理職をねぎらうこと，学校長の判断の後ろ盾となることなども大切となる。一方，管理職との連携が中心となるため，現場の教員との間に距離ができてしまいがちである。他教員から「SCは管理職の手先」と思われないよう，配慮したい。

7. おわりに

　これまでの筆者のSCとしての経験を踏まえ，管理職との連携について検討を行った。結局，「こうすればよい」という答えはない。連携といっても，SCの守秘義務や外部性などを吟味すると，ますます分からなくなる。事例では，あえて連携が困難であったものも提示した。連携において大切なのは，相手の特性を知り，自分の特性を知り，相手に寄り添いながら関わっていくこと，これはまさに心理療法と同様である。この難しさこそ醍醐味であり，学校臨床が臨床心理士の仕事の応用編といわれる所以である。今後の発展が期待される領域である。

　管理職との連携においては，「評価を気にしたり，良い人になりたい願望が優勢になっていないか？」「自分は権威に迎合しがちか？反発しがちか？」，このようなことを考えたい。今までの自分の内的体験を振り返り，答えが出ず避けがちなことについて考え続けたい。うまくいっているからと満足せず，うまくいかないことを学校や管理職など外のせいにせず，その中でSCとして何が

できるかについても悩み考え続けたい。これが，心理士の独自性である。

　最後に，これからの若手 SC のために詩人キーツの言葉を贈りたい。これは，「わからなさに耐える能力」の大切さを伝えており，筆者自身への戒めでもある。「私は，色々な主題についてディルケと議論を戦わせたというより共に探求しました。いくつかの事柄が私の心の中につぎはぎされましたが，突然これが私を撃ったのです。これはシェイクスピアが途方もなく所有していたものです。私が言いたいのは，否定の能力 Negative capability というもので，つまり，人が，事実や理由を苛立って追い求めることをせずに，不確かさや，神秘，疑いといった状態におれるときのことです（Symington, 1996）」。

文　献

Bion WR（1961）Experiences in Groups and Other Papers.（Reprinted, 1989），Routledge.（対馬忠訳（1973）グループ・アプローチ．サイマル出版会：池田数好訳（1973）集団精神療法の基礎．岩崎学術出版社．）

Symington JN（1996）The Clinical Thinking of Wilfred Bion. Routledge.（森茂起訳（2003）ビオン臨床入門．金剛出版．）

第9章
学生相談における支援

学内外の支援者との連携

濱田　祥子

1. 大学における学生支援・学生相談

　学生相談は，臨床心理士などの専門家によって行われる個別の相談を中心とした，学生に対しての心理的，教育的な援助活動である（日本学生支援機構，2007）。個別相談の他に教職員との連携やグループ活動，学生に相談室について周知する活動なども含まれる。一方，学生支援は，大学の教職員が全ての学生に対して行う，学生の成長を促す教育活動である。

　学生支援と学生相談のあり方については，日本学生支援機構（2007）によってまとめられている。ここでは，学生支援に対しての基本的な考え方の一つとして，「学生支援・学生相談は教育の一環であり，すべての教職員と専門家（カウンセラー等）との協働によって実現される」とされており，学生支援を一部署のみにおいて行うのではなく，教職員と専門家とが「協働して」行う重要性が明確に述べられている。また，大学における学生支援には3つの階層があることが述べられている。第1階層は，教職員が日常的に学生に接する中で行う「日常的学生支援」，第2階層は，クラス担任など役割・機能を持った教職員によってなされる「制度化された学生支援」，第3階層は，2つの階層を超え，より困難な課題が生じた際に行われる「専門的学生支援」である。この第3階層は，問題の解決・改善の核となり，他の2階層を支え，学外機

関との連携を行う際の拠点となるとされている。学生相談室はこの第3階層の一つの機関と位置づけられている。

　上述したように，学生相談は教育の一環であると位置づけられている。ここに，学生相談の臨床の特殊性の一つがあるといえる。このような特殊性がありながら，学生相談はどのような活動モデルに基づいて行われているのであろうか。齋藤（1999）は，学生相談の活動モデルは，正課外で学生個人のニーズに合わせたかかわりやサービスを提供し，学生の成長を促す「厚生補導モデル」，適応に困難を感じている学生に心理療法を中心とする援助を行う「心理臨床モデル」，学生個人の心理的な成長や適応を促す教育的な働きかけを行う「大学教育モデル」の3種を統合する形で，重なり合う中心の部分に成り立つとしている。齋藤（2010）は，この各種の学生相談的機能を統合し，融合させて，対象者や状況に合わせて最も適切な関わりや介入法を選択・工夫するところに学生相談の専門性があると述べている。これらのことから，学生相談室の活動は大学という環境の枠組みの中で学生の教育や成長を促すことを目的として行われるものであり，相談員はコミュニティとしての大学を視野に入れることが求められていることがわかる。

2. 学生相談における連携・協働

　このように，学生を大学全体で育んでいく姿勢，取り組みが重視されている中で，学生相談室の相談員と大学の教職員とが学生に関して連絡を取り合ったり，協働して支えたりすることが必要となる場面は多い。学生相談における連携について杉江（2010）は，連携を学生のためのかかわりとしての一次的支援と，コンサルテーションを中心とした関係者支援としての二次的支援とに分け，それぞれに求められる役割を論じている。一次的支援の具体例としては，学生が問題を抱えながらも学生生活を送ることができるように教育組織や大学環境の調整を行う必要がある場合，本人を保護する必要がある場合，学生の抱える問題が複数の部局で事例化しているためカウンセラーが全体のマネジメントをする場合などが挙げられている。二次的支援の具体例としては，教職員からの学生に関しての相談や，教職員が学生を学生相談室に紹介したいと連絡を

とる場合，面接している学生の関係者を支援する場合などが挙げられる。また，学生相談室に来室していない学生に関して，周囲の教職員，関係者が対応する際の支援もここに含まれる。相談員が連携を行う際には，この一次的支援と二次的支援の双方を，学生の特徴や状態，周囲の環境や状況をアセスメントしながら行っていくことが必要となる。

3．近年の学生相談における連携・協働

大学で学ぶ学生の多様化が進む中，様々な部署が連携，協働して学生を支えることが必要とされる場面は多い。岩田ら（2007）はある大学の学生相談室において，一年間に連携を行った事例の内容と効果を整理・記述した。その中で，「連携が必要となった学生相談事例の特徴として，明らかな精神医学的な問題は抱えていないが学業上の問題をもつ学生に多い」ことを示している。そして，このことから，学生相談室は学業をすすめていくうえで基盤となる学生の心理的安定を支援することが求められているポジションであることを述べている。また，高石（2009）は臨床実践の中から，近年の学生の心理的特徴と課題の一つとして，特別な支援を必要とする学生の増加を挙げ，そういった学生に対して，入学段階から卒業するまで，総合的で継続的な支援を行う必要性を説いている。このように，発達に偏りを抱える学生をめぐる連携，協働は近年の学生相談における重要なテーマである。

4．事例を通した連携・協働についての検討

ここで，事例を通して学生相談における連携・協働について考えてみたい。さらには，連携・協働を行う中での学生相談室に求められる役割についての考察を行う。特に，発達障がいの特徴がある学生の事例を挙げ，検討を行う。なお，事例は，複数の事例を組み合わせた架空のものである。
【学生】A（21歳）Z大学文学部の男子学生，大学3年次の年度末に来室
【大学・学生相談室について】
Z大学は，文系の学部を中心とした，学生数9000人程度の中規模の私立大

学であり，穏やかな校風を持つ．公共交通機関やスクールバスで，30分程度で移動できる距離に，2つのキャンパスを有する．開学当初は小規模大学であったが，数十年の間に複数の学部が新設され，学生数が徐々に増えた．小規模校の教育方針，運営方法の名残があり，教職員が学生に細やかに配慮する大学である．学生相談室に相談員は4名おり，全員が任期付きの常勤の相談員である．基本的に，相談員は授業を担当しないことになっている．

【主訴】
学生生活について（本人が相談申込書に記入）

【生活歴】
小学生，中学生の頃，からかいやいじめの対象になったり，仲間はずれにあったりすることがあったが，不登校にはならず卒業した．中学卒業後，小規模の私立高校に入学した．人付き合いは得意ではなく，親しい友人ができるまでに時間がかかったが，本人の趣味（野球観戦，ゲーム）を共有できる少数の友人との付き合いがあった．文系の科目にしぼり，受験勉強を行い，自宅から通えるZ大学に合格した．

【面接の経過】
＜X年3月：4年次が始まるに向けて＞
初回来室は3月上旬，大学は学生の姿があまりみられず，閑散とする時期であった．3月とはいえ，まだ冷たい雨が降る中，Aは硬い表情で相談室に来室した．

初期数回の面接で話された内容はこれまで，レポートが提出できず，単位を十分に取得できていないこと，それがきっかけで3年次前期の途中から大学に行きにくくなったことなどであった．大学に行きにくいことを親には言い出せず，普段通りに家を出て，通学経路の途中にあるショッピングセンターのフードコートで数時間座っていたり，地域の図書館で時間を過ごしたりしていた．

後期に入った後も大学に行かないことが続き，心配した大学のゼミ担当教員のはたらきかけにより，時々調べものをしに大学の図書館に来るようになった．単位取得状況については，3年次から大学に来られなくなったこともあり，専門科目を中心に未取得のものが多いようであった．

レポートに関しては，「完璧にできた」と思えないと提出できなかったよう

である。また，課題が複数ある場合には，どれから手をつけていいかわからなくなってしまうことから，取り組めないことが重なったと話した。出席と試験で成績が評価される科目に関しては，毎回出席していたにもかかわらず，試験で問題文の読み間違いや意味の取り違いから成績が悪く，単位をとることができなかったようである。

学期末に母親が大学の成績や就職活動について尋ねたことから，3年次はほとんど授業に出席していなかったことが明らかとなった。親が大学のホームページから学生相談室について調べ，本人が予約し，来室した。

相談員（以下，Th）は両親とAの話し合いの内容を確認しつつ，4年次の1年間は未履修の単位を取得することを目標にすることを確認した。次の一年間で残りの授業を履修し，卒業論文に取り組むことにした。Aの了承を得た上で，Thより，本学生が学生相談室に来室していること，学生生活を円滑に送るため，今後，継続して支援していくことをゼミ担当教員に伝えた。

＜初期の様子からの見立てと方針＞

終始，表情は固く，礼儀正しい態度を崩さなかった。Thは面接の中で，視線が合いにくい印象を受けた。完璧と思えないとレポートを提出できないなどの点から，柔軟さに欠ける面があると考えられた。優先順位がつけられないことからは，複数の課題と自分の状況をあわせて考え，整理することを不得手とする特徴があると思われた。また，試験問題の意味の取り違いなどから，他者の意図していることを読み取る難しさがあることが察せられた。一方で，Aは大人しく，真面目な性格であり，一つ一つの課題に時間はかかるものの，手を抜かずに取り組むため，これまで，教員から気にかけてもらっていたようであった。これらの様子から，Aの問題の背景には発達の偏りがあることも視野に入れ，学生生活について共に考えていくため，継続した面接を行っていくこととした。

＜X年度前期：学生生活のペースについて・学内の支援者との連携＞

（1）個別面接

学生相談室の個別面接では，これまでの状況を尋ねた後，4月からの一年間の授業のスケジュールを共に考えることから始まった。Aは卒業のための必

修授業で未履修のものや，関心のある科目があると，全てを履修しようとするところがあった。そのため，どれくらいの科目数であれば並行して課題等に取り組むことができそうかを確認しながら履修の計画を立てた。

　具体的な学習方法を確認すると，その時々の課題に優先順位をつけることが難しく，思った通りに進んでいないことがわかった。面接では課題や優先順位を整理するとともに，上手くできないことに対して強く湧く焦りやふがいなさに耳を傾けた。

　(2) 教員との連携——学内の連携

　Aは一年後輩の3年の学生のゼミに出席していた。ゼミ担当の教員からゼミ内での様子について連絡があった。グループで発表の準備をするような場面において，他の学生との調整が上手くいかず，分担を引き受け過ぎてしまうが，期日までにまとめきれないことがあることなどが話された。ゼミ担当教員からはこの後も卒業論文のテーマを決める際，卒業論文の執筆の際など，折に触れ，連絡があった。既に4年間で卒業できないことは決まっていることから，これ以上遅れることは避けたいという教員の強い思いが感じられた。また，指導により，Aを追い込んでしまうのではないかという不安も高いようであった。Thは，その都度，様子を聞き，相談室で理解されるAの抱える難しさとつなぎあわせながら，コンサルテーションを行った。

＜X年度夏休み・後期：学生生活について＞

　(1) 個別面接

　夏休みなど，長期休暇には学生の面接も休みになることが多い。しかし，Aは「面接が生活の一部になっている。面接に来ることで，生活の確認ができる」と来談することを希望した。そのため，大学の一斉休業期間を除いて，週1回のペースで面接は行われた。夏休み中はややリラックスした様子で表情も柔らかい。面接では，趣味のスポーツ観戦の話をした。今年はどこのチームが強そうか，などと生き生きと語るAの姿があった。

　後期が始まる前に前期の成績を確認した。履修した授業の単位は全て取得できていることがわかり，共に胸をなでおろした。後期の履修の計画を共に立てた。前期において，履修科目を選んだことで課題に集中して取り組めたという

実感が本人にもあり，このときはそれほど多くの科目を履修しようとはしなかった。

　後期においても週に1回のペースで面接が行われた。学生生活の話が語られることが続いた。年度末が近づき，一緒に入学した同級生の卒業が確定する頃になると，自分だけが取り残されている思いがすることや，情けない思いが語られる。また，こんな自分では卒業はできても社会で生活していくことは難しいと感じる，といった不安も語られた。

＜X＋1年度：卒業論文の提出に向けて＞

　X年度（4年次）に履修していた単位は履修することができた。そのため，X＋1年度は残りの数単位の授業の履修と卒業論文に取り組む一年となる。

（1）個別面接

　個別面接では，日常生活の様子や卒業論文の進捗状況について話すことが主となる。授業期間には課題に追われ，卒業論文を進めることができない時期もあった。また，卒業論文の状況を確認すると，本質的ではない作業に数週間という期間を費やしてしまうことがわかった。Thより進め方についてアドバイスをするものの，Aには頑なな面があり，別の方法で行うことは難しかった。その一方で，作業が進んでいないことに苛立ちを募らせることが続いた。

　前期が終わった後，「遅れを取り戻したい」とAが話し，夏休み期間も大学の図書館に通い，卒業論文に取り組んだ。後期が始まる前に，共に前期の成績を確認し，履修していた授業は全て単位を取得できていることがわかった。卒業に必要な単位は残すところ，卒業論文のみとなった。

　秋から冬にかけ，卒業論文提出の期日が近づくと，焦りと不安がさらに高まる。夜，寝付けないことや体調を崩すことも多くあった。Thは卒業論文に対しての不安に耳を傾けながらも，具体的に「いつまでに何を終わらせるか」を話し合いながら決め，進捗を確認した。そういった面接を繰り返す中で，徐々にペースをつかんでいった。

　Z大学では卒業論文の提出日は2日間と定められていた。その1日目にThが食堂で昼食をとっていると，AがThを見つけ，「お蔭様で提出できました」と受領証を見せてくれた。「また来週，面接に伺います」と笑顔はないも

のの，いつもよりもすっきりした表情で話した。

＜X＋1年度末〜X＋2年度前期：進路について・学内外の支援者との連携＞

Aは卒業論文を提出したため，卒業することが可能であった。しかし，就職活動をまだ始めていないことなどから，卒業延期制度を利用し，大学に籍を置くこととなった。

（1）個別面接

個別面接では，卒業後の進路，就職活動についての話が面接での主な話題となる。その中でも，思ったように就職活動を進められない自身に対しての不甲斐なさ，自分は社会に出ることができないのではないかと思う，といった不安が語られるようになる。また，社会から置いて行かれているような思いがすることが話された。

Thは焦りに耳を傾けつつも，就職に向け，具体的に行動することがAには重要であると考え，就職活動を行う上で大学の就職課の支援を得ることをAに提案した。また，Thは以前から発達の偏りを疑っていた。就職活動や進路を検討するにあたり，本人が自身の特徴を理解するため，今後，自分に合った環境で生活していけるよう，精神科等の医療機関の受診を勧めた。受診の話をする中で，Aは幼少期より自分は他の人が当たり前にできることができなかったこと，どこか自分は人と違うのではないか，という思いを持っていたことを話した。

（2）就職課との連携——学内部署との連携

Aの了承のもと，就職課との連携を行った。これまでの状況（授業に出席できなくなった経緯，卒業論文提出までの経緯）について伝え，優先順位をつけることが苦手であることやコミュニケーションの不得手さについて説明した。本人の特性を踏まえた上で，希望する職種を吟味していくことが必要となること，また，履歴書やエントリーシートの書き方，身に付けるべきマナーなど，具体的なアドバイスが必要であることを伝え，支援を依頼した。

（3）両親との連携

医療機関を受診するにあたり，Thより両親に学生相談室への来室を求めた。

両親は幼少期より言葉の発達や運動の発達にやや遅れがあり，園で専門機関に発達の相談に行くことを勧められたこともあったと話した。そのような指摘はありながらも，「時間をかければできる子」という思いもあり，専門機関へは行かなかった，現在も医療機関に行くほどの問題ではない，と受診に対してはやや否定的であった。しかし，Th から今後の進路を考えていく上で必要と考えられること，負荷がかかると不眠や体調不良などの症状に表れやすい面があることなどを説明した。A 自身が「一度自分の特徴を知りたい」と希望したこともあり，受診のはこびとなった。

(4) 医療機関との連携──学外機関との連携

Th から受診先の医師宛てに学生生活の様子及び受診の目的について記載した情報提供書を作成した。なお，この情報提供書に関しては，Th が記載したものを A と共に面接で確認し，若干の修正を施した後に A に手渡した。

(5) 医療機関での受診に関して

医療機関を A と両親とが受診した。初診において，生育歴も含め，これまでの経緯を詳細に話した。複数の心理検査を受けた後に，医師より「自閉症スペクトラム」と診断を告げられた。今後の就職活動やその後の生活を考える上で，精神障害者保健福祉手帳の取得も選択肢の一つであることが医師より説明された。手帳の取得に関しては，A 本人，両親共にまだ決心がつかないようであったので，すぐに結論は出さず，診察の中で医師と相談していくことが話し合われたようであった。

(6) 就職課との連携──学内部署との連携

本人の了承を得た上で，Th より，医療機関で伝えられた内容について就職課に連絡をした。A を担当する職員は，A は履歴書を書き，企業研究などは綿密に行うものの，実際にはエントリーしないことにもどかしさを感じているようであった。Th より，エントリーできない背景には A の社会に出る不安があることなどを伝え，引き続き見守っていくことが必要であることを伝えた。

(7) 就労支援機関との連携──学外機関との連携

A はこれまでアルバイト等をしたこともなく，経験の少なさも就職活動に向けての不安材料の一つであると話した。就労のためのトレーニングの場がほしいという本人の希望があり，就職課と相談をし，就労支援機関を紹介した。

本人の了承を得ながら，情報の共有を行った。

＜X＋2年度後期：大学を離れる準備・学内の支援者との連携＞
(1) 個別面接
　前期の間は医療機関の受診，就労支援機関でのトレーニング等，自身の特徴に向き合う場が増えた。Aは就労支援機関で行うワークの資料をThに見せながら，内容や自分が感じたことについて話をした。そういった面接を続ける中で，自分は効率を求められる職種や，営業など他者と接する仕事よりも，同じ作業を繰り返すような仕事の方が向いている，と考えるようになっていった。しかし，企業へのエントリーは1社に留まり，本格的な就職活動は行っていなかった。後期に入り，本人の焦りが高まっていく。それと同時に，一般就労よりも障がい者枠での就労を目指した方が良いのであろう，と考えるようになる。
　秋も深まり，冬が近づくと，就職活動が一向に進んでいないことへの焦りが一層強くなっていく。この時期，外出する際に施錠したかどうか，ガスを止めたかどうかが気になり，何度も確認するなどの強迫症状が現れる。また，気分の落ち込み，不眠，食欲不振などの抑うつ的な状態や体調不良などの症状が現れる。Thより，これらの症状に関して，主治医に伝えることを勧めた。
　卒業延期制度を利用できるのは一年間と定められている。大学に籍を置くことはできなくなるため，4月以降の進路の選択が迫られる。両親と相談した結果，Aは卒業後，就労支援機関に定期的にトレーニングに通い，そこで就労に関しての相談をすることになった。大学の就職課は卒業生への窓口も開かれているため，節目で相談のため大学に訪れることを就職課の相談員と話し合った。医療機関の受診は定期的に継続することとなった。学生相談室での面接に関しては，Z大学では，卒業生の面接は行わないことになっているため，卒業と同時に終了することとなった。
　年度末の最終の面接の日，Aはいつものように来室した。面接では普段通り，生活について話し，最後に「今までありがとうございました。先生，お元気で」と挨拶し，帰っていった。

(2) 就職課との連携——学内部署との連携

就職課に Th より，相談室での A との面接が年度末で終了することを連絡した。A からも話しているようであったが，外部の就労支援機関に通いながら，就職活動を進めていくことを伝えた。就職課の担当者より，学内で障がい学生の相談に対応できる外部のキャリアカウンセラーを招く機会があるので，その折には A に案内する旨の報告があった。

考　察

(1) 学生相談室における連携

1) 支援のネットワークを構築する役割

本事例においては，学生相談室からの連携の役割として，学内外に A を巡って必要な支援者とのネットワークを構築することがあった。このネットワークの構築に関しては，渡邉ら（2011）に詳しく述べられている。本事例においては，合計 5 種類の支援者（ゼミ担当教員，学内部署，学外機関，保護者）との連携を行った。連携を行う際には，学生相談室と支援者が A についての情報を共有し，協働の体制を築いていった。その際に専門的な見地から，連携先に届く言葉で本人の状態を伝え，具体的な支援を提案したり，共に考えたりすることを行った。

継続した支援体制を整える上では連携後のフォローも重要である。具体的には，就職課と情報を共有し，お互いの方針を確認した。また，不眠などの症状がある際にはそれを主治医に話すように促したり，どのように伝えれば伝わりやすいのか，ということを共に考えたりした。連携の後，当事者と支援者が関係を維持できるよう見守り，ときに助言をしながら，支援することも重要な役割であるといえる。

2) 支援者を支える役割

支援者を支えることで，間接的に学生を支えることも重要な役割である。これは，杉江（2010）の述べる二次的支援である。A が卒業論文に取り組む時期には，ゼミ担当教員は自身の指導により，学生を追い詰めてしまうのではないか，と不安を感じ，学生への対応を知りたい，と相談室に連絡があった。学生への望ましい対応，そうでない対応は一概にいえるものではない。そのため，

学生の特徴を理解した上で，具体的な助言を行うことが求められる。教員からみた学生像や学生の状況について話し合い，教員がどの点について問題を感じているのか，どのようなかかわりが可能であるのかを検討しながらコンサルテーションを続けた。

就職課との連携においては，現在のAの状況について，情報を整理して伝えた。職員がAを支援する上で感じるもどかしさを聴き，Aが動き出せない背景について，相談室での様子をあわせて伝え，継続して支援をしていくことの意義を説明した。

以上のように，連携において支援者を支える際には，相談室で理解される学生の特徴とあわせて対応を検討することや，支援者と当該学生とのやりとりを聴くことを通して，支援者の不安やもどかしさを傾聴し，支援者を支えることが重要である。

(2) 連携を行う上で重要な点

本事例から，重要と思われた学生相談で連携を行う上での重要な点について以下の3点に分けて論じる。

1) 必要なときに，必要なだけ行う

上述した事例において連携は，支援の依頼や本人の特徴を伝える際に行われた。しかし，支援や配慮が必要なとき全てにおいて相談員が連携を行うわけではない。相談員は常に，学生が自身で周囲にはたらきかけることができるかどうかを，はたらきかけの内容，学生の特性，周囲の環境からアセスメントする。学生が自分ではたらきかけを行えるのであれば，相談員は動かず，面接の中でその方法を共に考える。そのため，相談員が連携を行うのは，特に専門的な見地からの説明が必要とされるときであると思われる。杉江（2010）は，学生相談における連携について，先回りして動きすぎることに注意する必要があり，個々の学生の心理的成長や発達を念頭に置きながら行うことの重要性を説いている。専門的な見地から理解される本人の特徴や望ましい対応等の内容を含む連携は必要なものである。しかし，連携は本人や保護者が行うべきところを相談員が肩代わりするものではない。学生自身が環境にはたらきかけることが，本人の成長につながる。連携が学生の主体性の育ちの機会を摘むものとな

らぬよう，熟慮の上，行う必要がある。
　2）学生の了承のもとに行う
　岩田ら（2007）は連携に関して，「原則として，クライエントである当該学生に，その承諾を得た上で行われる。その際，学生相談カウンセラーは，連携の目的，時期，内容を学生に対して明らかにし，かつ，それらの結果についても，つまびらかにすることが望まれる」と述べている。このように，連携を行う際には，緊急の場合を除き，どういった内容を誰に伝えるのか，どういった内容は相談員との間で留めるのかを学生と話し合う。上述した事例においても，医療機関に情報提供書をAが持参する際には，内容を確認し，修正した。他の部署，機関と連携を行う際にも何をどこまで伝えるのかをAと話し合った。これは，秘密の保持という観点からも重要である。さらに，どのような内容を伝えるのかを学生と共に考えることは，学生が現在，何に難しさを感じていて，それをどうしていきたいのかを考えることである。これらの内容について面接で話し合うことは，学生が自身について主体的に考えることにつながっていくといえる。
　3）限られた期間での支援であることを認識する
　一般的に，学生相談室の相談員として学生にかかわることのできる期間は卒業までと限られている。本事例において，就労という一つの節目を迎えるまでの支援を行うことはできなかった。今回提示したような発達の偏りが問題の背景となっている場合は特に，学生本人やその家族は様々な節目で新たな課題に向き合っていくことが求められる。そのため，担当者は時間的な制限を念頭に置きながら，次の課題を見据え，適切な機関への紹介を行っていくことが必要となる。その際，学生が安心して次の支援先につながることができるよう，学生との話し合いと次の支援先への情報提供が重要になる。

(3) 連携を行う中での個別面接の役割
　本事例の個別面接においては，Aは主に授業や卒業論文の進捗について話した。この面接はAにとってどのような意味があったのであろうか。以下の2点に分けて，学生相談室における個別面接の役割について考察したい。
　1）自分自身の特徴の理解

大学生という時期においては、学生は日常の活動を通して自分自身を見つめることが求められる。そして、その積み重ねの中から、自身の進路を選択する。本事例においてAは個別面接で、課題の進捗等を話し合うことにより、自分は何が得意で何が苦手なのかなど、自身の特徴についての理解を深めた。手帳の取得を考える上でも、Aや家族にとって、状況を受け入れることが難しい時期があった。その中で、就労支援機関で行ったワークなどの意味づけを個別面接で行うことで、自身により合った場で生活するためには、手帳の取得も選択肢となりうると考えるようになった。このように、学業や就労に関する現実での課題に取り組み、それを面接で話し合うことを通して、Aが自身に合った進路を選択していくことにつながったといえる。

2）社会に出る上での不安を聴く

Aは幼少期より、周囲とのそぐわなさを感じていた。小学校、中学校ではいじめられるなど、傷つきを経験することも多かったと思われる。大学に入ると、集団の凝集性はこれまでに比べて低くなり、トラブルは減ったものの、自分から集団に入っていくことが得意ではないため、疎外感や孤独感を感じる場面が多かったと想像された。このように、Aが抱える社会に出ても上手くいかないであろうという不安は、これまでの上手くいかなさの積み重ねによるものであった。Aが語る内容は現実的な話題が多く、それらに直面する上で感じる不安が中心であった。学生生活における課題や抱える不安、不甲斐なさを面接で語り、具体的な方法を共に考えることで、Aは自身の不安を理解される体験を重ねていた。その体験を積むことで、Aは次のステップに進もうとしていた。

学生相談の面接において、学生生活の現実的な内容が語られることは多い。その際、相談員には、「面接の話題を深めるのではなく、深いこころで丁寧に聴き、細やかに感じ取りながらささやかな応答をしつつ、共にいる」（鶴田, 2010）姿勢が求められる。Aにとって、学生相談室という場における、ささやかな積み重ねが重要であった。

5. おわりに

　発達障がいが疑われた学生の事例を挙げ，学生相談における連携のあり方と個別面接の役割について考察を行った。学生は学生生活の様々な課題に取り組むことを通して成長する。上手くいかないことも含めて，経験を重ねることで，自身を形作っていくといえる。学生相談室が連携を行う際には，学生が環境の見守りの中で経験を積むことができるよう，周囲に学生の特徴を伝え，理解を促す役割が求められる。同時に，学生相談室やそこにいる相談員は，変わらず学内にあり，学生が様々な経験を持ち帰り，その意味付けを行う場であることが重要である。

文　献

日本学生支援機構（2007）「大学における学生相談体制の充実方策について―『総合的な学生支援』と『専門的な学生相談』の『連携・協働』―」.
齋藤憲司（2010）学生相談の理念と歴史．学生相談ハンドブック．学苑社，pp.10-29.
杉江征（2010）連携と関係者支援．学生相談ハンドブック．学苑社，pp.127-144.
高石恭子（2007）現代学生のこころの育ちと高等教育に求められるこれからの学生支援．京都大学高等教育研究，15：79-88.
鶴田和美（2010）個別支援の方法．学生相談ハンドブック．学苑社，pp.50-68.
渡邉素子・加藤久子・深見久美子・橋本容子・濱田祥子・諏訪真美（2011）ネットワーク型学生支援体制における学生相談室の役割について．学生相談研究，32(2)：154-163.

第10章
医療・保健領域における心理士への期待

児童精神科医の立場から

野邑　健二

1. 精神科医と心理士

　少なくとも精神科臨床の現場において，精神科医のもっとも重要な同僚のひとりが心理士であることに反対する方は，あまりいらっしゃらないだろう。診断を考える上での心理検査，治療としての個人心理療法，親面接，集団療法，デイケアと，精神科医療のかなりの部分を心理士が担っており，心理士なくして精神科医療は成り立たないと言っても良いのではないだろうか。精神科医個人として考えても，心理士はとても身近な存在である。ひとりの患者さんを協働で診ていくことは一般的であるし，何よりも，ケースの見立てや支援方法について，共通の文化・言語を用いて議論することができる。精神科医と心理士，精神医学と臨床心理学には，共通する部分も多い。しかしながら，似ているようで異なる面も認められる。心理士の持つ独自性と期待される役割について検討するにあたり，まずこの両者の共通点と相違点を整理してみたい。

1. 似ているところ
　根本的に両者が共通する点は，人の心の問題をターゲットとし，心の問題に関わって，それを支援することを目的としていることであろう。
　アセスメントの手段としては，患者（来談者）との直接的な関わりを通して

得られる情報が中心である。アセスメントの基本は一対一での面接である。主として言語を用いたやり取りの中で，来談者の主訴，症状，現在の状況，これまでの症状（問題）の経過，家族の情報，生育歴などを聞く中で，来談者の抱える問題とその要因となるものを見たてていく。言葉から得られる情報だけでなく，語り口や表情，態度などの非言語的なコミュニケーションから得られる情報も重要な所見となる。子どもの場合には，言語から得られる情報は限定される。家族や面接者を含めた周囲の人との関わり方や，面接場面での様子を観察することが有用である。子どもの場合には，家族の子どもへの関わりも，問題を見たてる上で重要な所見である。

　治療・支援の方法も，直接的な関わりを用いられることが基本である。一般的な精神科診療における短時間の支持的精神療法から，50分程度の一定の時間を確保して高頻度で行う個人心理療法，集団を対象として行われるグループセラピーやデイケアまで，長さや頻度，手法に違いがあっても，言語を中心とした直接的な関わりの中で，問題解決を促すための支援を行うという点はどれも極めて重要な基礎となる。

　問題を理解する上での背景となる理論も共通する部分が多い。精神分析の考え方をもとにした力動的視点が土台にある。心的現実を想定して，人と人とが関わる中で互いの心理面に影響を与え合う，転移・逆転移，家族内力動，防衛機制といったことばは，ケースを検討する上で必要な共通言語である。

2. 違うところ

　精神科診療と心理臨床の一番大きな違いは，根本にある目的にある。精神医学は医学の一分野であり，患者（来談者）と会ったときには，病気（異常の存在）を想定してその発見と治療を目的としている。初診（初回面接）では，患者の主訴をもとに面接をする中で，その異常性（どういう病態が考えられるのか）を明らかにするために問診を行い，鑑別診断を行う。きょうだい間の葛藤，思春期の反抗と親子のトラブル，進路の悩み等，患者の持つ心の問題が精神疾患に伴うものでないときには，場合によっては診療の対象とならないこともある。そして，狭義の目的は病気を治すこととなる。それに比して，心理臨床は，「来談者と心理士が出会いかかわることを通して，心の問題にともに取り組む

ことである。問題の解決や改善を目指すものであるが，それは単に悩みや症状をなくすことを意味してはいない」とされている（森田，2014）。来談者の心の問題を正常か異常かという側面で捉えるのではなく，本人が困っている問題についてともに考えていくという姿勢で関わっていくのである。子育てや進路の悩みといった誰にでも起こりうる悩みに対しても，来談者がそのことで支援を求めてくるのであれば，ともに取り組むことになる。見立てを考える上でも，精神科臨床以上に，来談者の健康な面についてもアセスメントする視点を強く持つことになる。相談に来られた方を，精神科では「患者」と呼び，心理臨床では「来談者（クライエント）」と呼ぶのは，こうした違いを端的に表しているのであろう。

　それぞれの持つ一部の手法の違いは明確である。精神科臨床では，治療のために薬物を用いることは大きな優位性である。他に，電気けいれん療法等の物理的な治療も選択肢となる場合もある。問題の要因を検討する上で，身体的な問題を評価する視点を持っているのも相違点であろう。脳器質性疾患のみならず，一般身体疾患も心の問題の要因となりうることは精神科臨床では配慮すべき点とされている。昔の精神医学の教科書には，診断を考える際に，まず外因（身体疾患から来る精神症状）の可能性について検討し，その後に内因（統合失調症や気分障害等の精神疾患）を考え，その上で心因（心理的要因）を検討するとする考え方が推奨されていた。これは安易に心理的要因で解釈することを戒めるとともに，身体疾患による精神症状を見逃さないことの重要性を強調したものである。心理臨床では，十分な時間を取った個人心理療法を行うことが一般的である。力動的な理解のもとに依頼者の心理面への支援を考えるときにこれは重要な要素である。また，心理検査，発達検査等の心理査定も心理士の持つ大きな武器となる。

　もうひとつ，挙げておきたいのは，精神科臨床がより患者（来談者）の「現実」と関わり，心理臨床では現実から離れた「内面」に関わることへの比重が大きいという点である。精神科臨床の中では，休学や転籍といった現実生活における決断に関与する役割を求められることが多い。睡眠や食欲について聞くことも多いし，現実生活の改善のために実際的なアドバイスを送ることも日常的である。心理士も進路選択などの現実的な決断に際して専門的立場からの助

言を求められることは多いであろう。必要なアドバイスをすることはもちろんあるが，それと同時に，その決断を来談者本人がどう捉えて，どういう決断をしていくかに関心を持ち，本人が納得できる決断をしていけるよう援助することが重視される。現実的に「どうするか」よりも，内面的に「どう考えるか」により重点を置いた関わりということができるだろう。

　こうして見てみると，精神科臨床と心理臨床は，心の問題を考え，支援する過程で，来談者の「異常と正常」「身体と心」「現実と内面」といった相反する側面に，互いに重なり合いながらも分担・補完して関わっていると言えるのかもしれない。そうすると，心理士が単独で来談者への支援をする場合と，精神科医と協働で支援をする場合とでは，果たすべき役割に違いが出てくる。これは精神科医に限らず，他職種と連携・協働して支援を行う際には言えることで，連携・分担することでより専門性を生かした役割を果たすことが可能となるだろう。

2. 医療における心理士の役割

1. 精神科医療における役割

　上述したように，精神科医療において，心理士はもっとも重要なコメディカルのひとつであり，精神科医と役割分担しながら，協働して診療に当たっている。その役割は，心理査定（心理検査）と心理面接とに大きく分けられる。

　心理査定は，実際上は心理士の独占的な役割となっている場合が多い。面接や行動観察，問診だけではわからない面を，一定の標準化された指標で評価することは，非常に有用である。たとえば，知的能力の軽度の遅れや偏りは一般の面接だけでは判断は難しい。防衛が強く，面接をしていてもなかなか内面を出さない患者についてもその病態や人格水準を見極めるための資料として重要である。あるいは，本人や家族に発達状況や認知面の特性を説明する上でも，客観的な資料を示すことができると理解を得やすい。心理検査を用いて査定する際には，確かに数字は大切なのではあるが，検査場面の状況や行動，回答の仕方・間違え方を加味して分析することが必要である。間違え方がその児の特性を如実に表していることも多い。

児童精神科医として，知能検査・発達検査を依頼することはよくあるが，時に気になる報告書を見かけることがある。知能検査の結果のみから診断をつけてあるもの，たとえば，WISC-Ⅳの下位項目の偏りを根拠として特定の発達障害の診断を断定しているとか，ロールシャッハの反応から統合失調症であると述べているなど。あるいは，逆に，カルテの記載情報を組み込んで報告書が記載されているのだが，純粋に検査結果から言えることと臨床情報をもとに述べていることの区別があいまいになっているものなど。精神科医療において，心理検査は臨床面接では得られない情報を与えてくれる有用なツールである。「検査でわかったこと」を意識して，結果からわかることを示して頂けるとありがたい。

　心理面接は，1回30分から50分の枠組みを決めて定期的に行われることが多い。精神科医療の枠組みで行われる心理面接では，主治医と協働でケースを診ることになる。一般的には，本人の心理療法を心理士が，生活や現実面の問題を主治医が取り扱うATスプリットの体制で行うことが多い。主治医が本人の現実生活に関わり，行動にストップをかけたり，生活面の改善を求めたりといった役割を果たす。主治医との面接内容は現実生活に影響を与えるため，本人の中で率直に話すことを止めておく場合も多々生じる。そうした役割を主治医が果たすことで，心理療法は，現実生活とは関係しない面接室の中だけの関係を築くことが可能となる。そうした関係性の中で，心的現実（空想）の世界をともに過ごし，現実生活では得られない掛け替えのない経験をする。枠組みに守られて，安心してともに過ごす経験を積み重ねる中で成長し，いずれ外の世界でも本人にとって好ましい関係性が築けるようになると卒業をしていくことになる。

＜ケース 1＞
　腹痛と行き渋りを主訴に来院した小学3年生男児。幼少期より大人しい，目立たない子で，特に問題は指摘されたことはなかった。学習は平均的にはできていたが，発表は自信がないのかあまりしなかった。小学2年生の時に，通学団で他児からからかわれるようになって，朝行き渋るようになった。相手には学校より注意をしてもらった後は特に何かされることはなかったが，その

後も腹痛を訴えて登校を渋り，登校後もしばしば保健室を訪れた。3年生になっても改善が認められないため，医療機関（児童精神科）を受診した。

診察では，本人は聞かれたことはきちんと答えるが，少し難しいことを聞かれると黙って下を向いていた。母も大人しく，不安の強そうな方であった。週1回のプレイセラピーを実施することとした。

プレイセラピーでは，最初は緊張してあまり動けなかったが，3回目ぐらいからは自分から元気に遊びを選んで楽しむようになった。サッカーや野球などの球技で勝敗をつけて遊ぶことを好んだ。当初は，自分の有利なルールでやる，途中でルールを変える，ずるをするなどして，なんとしても勝ちたい気持ちを表していた。自分が勝つとあからさまに心理士をからかうような言動が見られた。一方で，自分が負けそうになると点数をそっと書きかえることもあった。そうしたときはおどおどした様子であった。心理士は，負けて悔しがって見せながら，楽しんでゲームに付き合った。何度かそうしたセッションを繰り返す中で，心理士が大負けしそうになると譲ったり，負けて悔しそうにしている心理士を励ます言動も見られるようになった。そのうち，負けることがあっても受け入れられるようになり，勝ち負けの勝負を楽しめる様子が見られるようになった。同じ頃，診察の際に，友達と遊んだ話が聞かれるようになってきた。1年ほどたった頃，友達と遊びたいからと心理療法への来院を渋ることも出てきたので，心理療法は終了となった。

対人緊張が強く同年代他児との関係がうまく結べなかった児に，通学団でのトラブルを契機に対人緊張が増強し，身体症状が出現した。プレイセラピーでは，対人場面で経験した敗北感，無力感を心理士に投影していたが，心理士がそれを繰り返し受け止めることで本児のそうした気持ちが軽減し，安心して対人関係を対等に結べるようになった。そうした経験で得た自信をもとに，現実生活で同年代の子どもとの関係を結べるようになったと考えられた。

2. 他科での役割——コンサルテーション

総合病院では，精神科以外の診療科でも心理士には果たすべき役割がある（北村，2013）。

身体疾患の治療のために入院している患者に対して，心理的な支援のニーズ

は決して少なくない。自らの身体が入院しなければならないような重い病気にかかり、将来にいくばくかの不安を感じ、入院生活という慣れない環境で過ごさないといけない状況になったときに、患者自身が強いストレスを感じるかもしれないことは想像に難くない。場合によっては、余命を宣告されてそれを受け入れないといけない状況になっている方もいるだろう。これは患者の家族についても、同様である。病に苦しみ、不安な様子を見せる患者を物心両面で支える家族の心労はいかばかりであろうか。そうした患者本人および家族へのケアは、主治医、看護師等の病棟スタッフが日常の関わりの中で行っているのであるが、中には、患者や家族の不安や焦燥感から来る強い感情表出をうまく受け止められず、関係がスムーズにいかなくなってしまうこともある。

　こうした時に、心理士への依頼が来ることがあるが、このようなケースでは、必ずしも一般的な個人心理療法が中心とはならない。最近は少なくなったように思われるが、以前は入院患者の心理療法を依頼されると、個人面接のみ行って、病棟スタッフとのやりとりをほとんど行わない心理士も見受けられた。患者との治療契約を理由に面接内容を全く病棟スタッフには伝えない場合もあり、病棟スタッフや入院生活に不満を抱く患者・家族に同一化して孤立しているようなケースも見受けられた。

　入院患者・家族にとって、支援の中心となるのは病棟スタッフである。日に何度となく病室を訪れ、病気のケアのみならず、入院生活全般に携わり、困ったときにはいつでもかけつける。主たる支援者である病棟スタッフとの関係が十分でなければ、患者・家族の心理的な問題の解決もおぼつかないだろう。逆に病棟スタッフとの関係がスムーズになれば、継続的な心理面接が必ずしも必要でないケースも少なくない。心理的支援を行う上で病棟スタッフから得られる情報は大変重要であるし、病棟スタッフが患者への支援を十分に行えるよう、スタッフへの支援も大切な役割と言える。

　そういう意味で、病棟スタッフとの連携・協働は、重要であるが、当初はうまくいかないことも多い、心理士の側からコミュニケーションを取ろうとしても、あまり反応が見られないこともある。心理士という仕事にあまり触れる機会がない場合、心理士に何を求めて良いのか、何を伝えれば良いのか、を知らない場合もある。心理士について、「こういうことをやっているのか」「こうい

うことを聞いたら良いのか」ということが分かれば，もっと患者に関して相談する機会が出来てくるだろう。そのためには，心理士の方から積極的に病棟スタッフに声をかけていくことが必要である。最初は反応が薄いかもしれないが，実際に話をすることが増えてくると，そして，スタッフが困っていることについて共に考えて何らかの新しい視点を提供出来れば，徐々に治療に関わるスタッフとして認知してもらえるようになる。

3. 保健領域での心理士の役割

母子保健領域での心理士の役割は，以前と比べて拡がっている。乳幼児健診，事後相談（発達相談）は言うに及ばず，幼稚園・保育園への巡回指導，療育機関での心理査定・相談業務等，地域の事情に合わせて，様々な役割が求められている。

そこでは，対象となるのは，「来談者」だけではない。保健センターや療育機関といった公的機関をベースにしてはいるが，対象は地域に住んでいるこどもとその保護者すべてである。家庭訪問や学校・幼稚園など，施設外での関わり・支援も当然含まれる。また，必ずしも，自ら相談希望を持って訪れる「依頼者」とは限らない。本人はもちろん，保護者が問題に気付いていない状況で，支援を開始しなければならないことはしばしばある。そうした中で，医療機関や心理相談機関，学校臨床などとは異なる役割が求められる。

本項では，地域を支援するという命題の中で，心理士にどういう役割を期待されているのかを，述べてみたい。

1. 事後相談（発達相談）

市町村の保健センター（所）では，相談日を設けて，乳幼児の発達相談を行っている。その中で，心理士は主たる相談者として，子どもの発達状況を見極め，保護者に気づきを伝えるとともに，保護者の思いに寄り添い，助言を与える役割を求められる。

事後相談は毎回が，特に初回は，1回勝負である。多くは，健診で保健師から指摘を受けて，相談を勧奨される。あるいは，幼稚園・保育所から相談に行

くよう勧められる。保護者自身も漠然と，ちょっと気になるなあ，大丈夫かなあ，と感じている場合は多いが，それでも，それほどではない，きっと大きくなれば何でもないはず，なぜ自分の子が，と思いたい気持ちもまた多くの場合に強く持っている。不安と戸惑いを感じながら来談する。出来れば来たくない。来なくても済めばそれに越したことはない。

　心理相談室や医療機関の場合には，保護者はあらかじめ何らかの覚悟をして，行こうと決めて来所する。事後相談では，まだそれが固まらないままで来られる方も多い。なので，多くの場合は，継続的な相談を前提に面接が始まるわけではない。しかし，「1回で終わるかもしれない，だから，この1回で必要なことを伝えておかないといけない」「保護者に子どもの問題を分かってもらい，受容してもらおう」などと考えると，保護者の気持ちとすれ違ってしまうことになる。

　1回勝負だからこそ，その1回を大事にしたい。1回で勝負をつけようというのではなく，その1回が保護者にとって良い体験として記憶されるようなものであってほしい。そうすれば，また次も相談に来ようと思ってもらえ，継続が可能となる。あるいは，1回で終了になったとしても，困ったときには相談に来ようと思ってもらえれば，成功である。

　そのためには，どうするのか？

　まずは，保護者の主訴をよく聞くことである。主訴は当初は語られないこともしばしばある。「健診で保健師さんに言われたので」と言うだけで，心配な点は特にないと言う保護者もいる。それでも，普段の様子を聞き，育児の大変さに共感する中で，保護者の持っている心配や困っている点が少し出されるようになる。

　中核的な問題とは少しずれていたとしても，そうした，母親が子どもに対して感じる心配やてこずる点に関して，何らかのアドバイスが最終的に出来ると良いと思われる。おみやげを持って帰っていただくことを意識したい。そのアドバイスは，出来そうなことであることが必要である。相談に来られた保護者は不安を抱いていると同時に，子どもへの関わりの点で何らかうまくやれていない感覚を持っている。相談に来て言われた通りやったけれども，うまくいかなかった体験は，保護者の自信を低下させるとともに，相談継続を難しくする。

そのケースをアセスメントして、必要な養育方法を面接者がつかんだとしても、保護者がそれを行うことが可能であるかもまたアセスメントすることが必要である。まずは、必要なアドバイスよりも出来るアドバイスを行うのが良いのであろう。それが次につながることになる。

2. コンサルテーション（臨床心理的地域援助）

　地域援助では、通常の心理面接と違って、支援者への支援を求められる。相互に支援しあうことになるので、協働・連携とするのが正確であろうか（青木, 2012）。

　その中でまず、他の専門職から心理士に求められる役割は、対象児の発達特性および発達レベルを評価して、それをもとにした対象児への支援方法を検討することである。具体的な支援方法としては、問題行動への対応、保護者への関わり方（子どもにうまく関われていない保護者への指導、障害受容ができていない保護者にどう話したらよいか等）が含まれる。

　これらは、心理士としての重要な役割であるが、もうひとつ、心理士の専門性を生かした視点があると思われる。関係性の査定である。

　対象となる子どもを巡って、どういう力動が働いているのか。子どもと家族の関わり、子どもと支援者（担任の先生、療育の担当者、心理療法を行っている心理士自身等）との関わりといった、子どもとの直接的な関係に留まらず、家族内の人間関係、家族と支援者の関係、支援者間の関係も、子どもの発達や状況に大きな影響を与えている。

　対象児の引き起こす問題行動には、背景に様々な要因が関与していることが多い。たとえば、発達障害は不適切養育のハイリスクのひとつであり、そもそも発達に特別な支援が必要な子どもに対して、十分な支援（養育）が行われていないこともしばしばみられる。そうした場合には、家族への支援が重要となるが、その際には、子ども自身の行動レベル（育児困難度）がどのくらいなのか、母親を中心とした家族の養育能力がどのくらいなのか、家族内および家族外に育児を支援する存在はどのくらいあるのか、といった状況を把握することが必要となる。本人の行動障害が著しいようであれば、本人へのアプローチ（心理療法や行動療法、薬物療法など）が必要であろう。家族の養育能力に限

界があるようであれば，それは助言・指導で支えていけるのか，他の支援者が代行する必要があるのかなどによって，方針は異なってくる。

支援者（たとえば，園の担任）が困難を感じている場合でも，同様に様々な要因を考える必要がある。子ども自身の適応困難度，担任の保育能力，担任と対象児の相性といった二者間の要因だけでなく，担任を支援する園全体の意識，園の専門機関との連携に対する意識，家族の担任および園への思いなども，支援者（担任）の負担感や保育上の余裕に影響を与える。

子どもを中心とした支援システム全体を見渡すことで，システムが適切に働くよう，本人，家族，支援者への支援を考えていく視点を提供することができる。

3. 継続的な支援の視点

地域での子どもと保護者への支援は，子どもの加齢・発達とともに，主たる支援者が変わっていくシステムになっている。妊娠から出産，乳幼児健診の時期は，主として保健センターを中心とした保健領域が，子育て支援，障害の早期発見・支援を担当する。就園すると園が子どもを担当するが，多くの場合は保護者への対応もそこが担当する。就学までは保健領域でも支援に関わっているが，学校に入ると多くの場合は完全に教育にゆだねられる。学校を卒業後は，支援が必要なケースは福祉領域で主として担当されることになる。

こうした支援機関の移行は，発達段階に合わせた支援，支援のマンパワーの適切な配分などを考えた時には必然であるが，一方で，支援方法が変わることで本人・家族が混乱をしたり，支援が途切れることにもなる。支援者にとっても，対象児の以前の様子，その後の様子を十分に把握しないで支援を行うことで，適切な支援を行うまでに時間がかかることや，長期的な視野で考えられないという限界が考えられる。

学校の先生と要支援児について協議をしていて，対象児の生育歴への関心の低さに驚くことがある。学校に入る前の様子はともかく，就学後である前年度の様子も「担任が転任して今年は在籍していないのでわからない」と言われることがある。現在の子どもの特性や能力はきちんと把握されており，それをもとに適切な支援が行われているので，それが学校という場の特徴なのであろ

う。しかし，対象児の横断面だけでなく，縦断的に見ることでわかることは多い。たとえば，保護者が就学前に子どもの問題行動についてどういうアプローチをされていて，どういう思いで養育してきたかをわからずに，現在のこどもの引き起こす問題行動について働きかけをすると，両者の思いがすれ違ってしまうこともありうるかもしれない。

逆に，幼児期の子どもの支援を行っている保健師や園の担任の話を聞いていると，就学後の様子がわかっていないために先の見通しが持てていない状況があるように感じられる。子どもの軽度な問題をいたずらに心配して多くの子どもたちをフォローしようとする保健師や，その時点での不適応をなくすために本人のペースにただただ付き合うことで，就学後に必要となる集団行動の経験を積ませることに目を向けられない加配保育士などである。

所属する機関にもよるが，心理士は長期にわたって子どもと保護者に付き合い，継続した支援を行う機会を得ることができる。その経験の中で，子どもの成長ぶりを実感するとともに，スムーズな成長のために必要な支援とはいかなるものかを考えることができる。

心理士として，キャリアのどこかで是非ともそうした経験をして，継続した支援の必要性を実感していただき，育ちをたどって子どもの姿を考える視点と，先を見据えた支援の在り方を，地域援助の場で生かしてほしいと考える。

文献

森田美弥子（2014）心理臨床とは何か．森田美弥子・金子一史編：臨床心理学実践の基礎その1．ナカニシヤ出版，pp.3-10.
北村麻紀子（2013）医療場面での関係づくり．臨床心理学，13(6)：803-806.
青木紀久代（2012）臨床心理士と子育て支援．臨床心理学，12(3)：306-310.

第11章
チーム医療での連携と協働

渡辺　恭子

　本章では，主に精神科領域でのチーム医療における臨床心理士の役割について検討していきたい。チーム医療で臨床心理士が関わる場として，まずあげられるのは，精神科クリニックや総合病院（大学病院を含む）の精神科外来である。また，精神病院の病棟がその現場になると思われる。さらに，精神病院にはデイケアやデイナイトケアといったリハビリテーション施設が併設されている事も多く，ここでも臨床心理士が活動している。

1. 精神科領域におけるチーム医療概観

1. 精神科外来におけるチーム医療

　ここでは，精神科クリニックや総合病院（医学部付属病院なども含む）の中にある精神科外来などを念頭に，臨床心理士がどのような役割をチーム医療の中で果たすのかについて，クライアントの受診から時間軸にそって論じる。

　まず，医師の診察（初診）の前に予診を取る事がある。予診は，医師の診察に先立って，診察の助けになるような情報を収集し提供するために行われるものである。なお，笠原（1990）は予診の内容は経験と力量に大きく左右されると述べている。なぜなら，見立てを確定することはしなくても，おおよその見当をつけて質問をすることが求められるからであるとしている。また，ク

ライアントの背景にある生物的・心理的・社会的な要素をとらえる必要がある。これらを短時間にまとめてわかりやすく医師に伝える。臨床心理士がいかに重要な情報を短時間で聴取できるかは医師の診察内容に大きく影響する。また，予診はクライアントにとって初めて会う医療関係者であり，そのクライアントの治療への動機付けや医療関係者とのラポールの形成にも大きな影響を与えると思われる。その意味でも臨床心理士としての力量が問われると言えよう。

　次に，臨床心理士は各種心理査定（ロールシャッハテスト，SCT，WAISなど）を主治医の依頼によって実施し，その結果をまとめて医師に報告したり，場合によってはクライアント本人にフィードバックを行う。これら心理査定の結果は医師の診断や治療方針にとって重要な情報となる。

　上記のような予診や本診や心理査定を経て診断が確定し，治療方針が示される。その中で主治医が必要と判断した場合などに，カウンセリングが実施される事となる。その対象は，パーソナリティー障害，抑うつ障害，不安障害，心的外傷およびストレス因関連障害（DSM-5による）など多岐にわたる。このカウンセリングの中で，限られた診察時間の中では主治医に語られない（または語る事が出来ない）様々な葛藤や生活上の困難が露呈される場合がある。これは，主治医とは違った立場にありラポールを十分に形成した臨床心理士にだからこそ語れる内容かもしれない。そして，それらの葛藤や生活上の困難に気付き，共に解決策をじっくりと考えていく中で，クライアントは自分自身について内省したり洞察していく。

　さらに，医師と連携して，通院精神療法に臨床心理士が加わる事もある。例えば，外来で行われる通院集団精神療法などでは，精神科医と臨床心理士，その他のコメディカルが協働する。筆者の研究領域は音楽療法であるが，週一回の通院集団精神療法の一つとして音楽療法を実施していた事がある。そのグループは，クライアントと主治医・筆者・コメディカルが参加しており，クライアントの対人関係の改善，社会性の向上などを目標に実施されていた。まず，活動前にクライアントの状況をスタッフ全員で確認し，症状の変化などの情報を交換する。その後，10名弱のクライアントと音楽療法（集団心理療法）を行う。活動後，記録の記載をしながらクライアントの言動などについてスタッフ全員で検討した。

2. 精神科病棟におけるチーム医療

　総合病院や付属病院の精神科で，入院患者を受け入れている場合には，前述のカウンセリングの他に入院集団精神療法も実施される。この場合にはさらに他職種との協働が多くなる。入院集団精神療法は「入院中の患者に対し，一定の治療計画に基づき，言葉によるやり取り，劇の形態を用いた自己表現等の手法により，集団内の対人関係の相互作用を用いて，対人場面での不安や葛藤の除去，患者自身の精神症状・問題行動に関する自己洞察の深化，対人関係技術の習得等をもたらす事により，病状の改善を図る治療法」とされていて，臨床心理士が行う集団心理療法との重複も多い。また，入院集団精神療法では，医師および一人以上の精神保健福祉士または臨床心理技術者等により構成される2人以上の者が行うとされている。筆者は実際に付属病院で精神科医と一緒にドラムを用いた音楽療法という形態で入院集団精神療法を週一回の頻度で実施してきた。ここでは，音楽療法開始前に精神科医とクライアントの病状等について情報交換し，プログラム内容について検討した上で実際に一緒に音楽療法セッションを行った。その後，活動中のクライアントの様子や発言内容等について，カンファレンスを行い，検討を積み重ねた。

　単科精神病院では，上記のような医師との協働に加えて，さらに長く入院患者への関わりを持つ事となる。そして，そこではより多くの他職種との連携が求められる。精神病院では，医師や看護師の他に作業療法士・精神保健福祉士とのチーム医療が展開されている。ここで簡単に精神病院の構造を解説しておく。精神病院の多くは閉鎖病棟と開放病棟を有している。閉鎖病棟は精神疾患を対象とした急性期病棟と慢性期病棟がある。急性期治療は主に薬物療法などがその中心となるが，少し症状が落ちついてきた患者を対象に，集団療法が実施される事がある。慢性期病棟は，再発を繰り返したために生活技能が低下して自立が難しい患者や，急性期病棟での治療によってある程度症状が落ちついた患者が退院に向けて準備をする病棟である。慢性期病棟では，主に陰性症状の改善を目的として様々な活動が展開されている（桑村，2011）。この慢性期病棟では看護師や作業療法士との協働で，入院中の統合失調症患者を対象とした集団療法を行う事がある。作業療法士は日常生活の諸活動を通じてリハビリテーションを行う職種で，身体あるいは精神に障害がある患者の機能の回復や

維持などを目的としている。例えば，筆者が閉鎖病棟で音楽療法を実施したときには，プログラム実施のサポートとして作業療法士が関わり，病棟看護師はそれぞれの担当患者の援助と活動評価や記録を担当するという形で運営された。ここで特筆すべき点は，看護師がよく「いつもの○○さんとは違う様子が見受けられた」と述べる点である。ラポールが取れた臨床心理士と一緒に行う集団療法の中で，普段と違って活動的に行動する患者の様子や発言する様子，態度などをみる事が出来る。このような中から患者の新たな側面に気付き，新たな援助方法を考えるきっかけとなると思われる。

ところで，精神病院にはデイケアやデイナイトケアが併設されている事が多い。ここでも臨床心理士はチーム医療を担う一人としてクライアントと関わる事を求められる。なお，デイケアではその人員基準において，小規模デイケアであっても，精神科医師1名（兼務可），作業療法士・精神保健福祉士・臨床心理技術者（主に臨床臨床心理士）のいずれかが専従で1名，看護師が専従で1名必要となっている。精神病院に就職した臨床心理士がまず関わるのもデイケアという場合が多い。そこで，以下に，精神科デイケアにおいて音楽療法を通してかかわった事例を提示し，精神科領域における他職種との協働と連携について考え，ひいては臨床心理士の独自性について検討していきたい。

2. 精神科領域における事例提示

1. Pデイケアにおける音楽療法について

筆者が後述するクライアントAと関わったデイケアは，ある地方都市の精神病院に併設のデイケアであった。病棟とは別にデイケア棟が整備されており，スタッフとしては精神科医師（兼務）・作業療法士・看護師・精神保健福祉士・臨床心理士などが常駐している。デイケアでのおもな役割分担は，医師が診察と投薬，看護師が症状のチェックや体調管理，作業療法士がデイケアプログラムの準備や実施を担当している。精神保健福祉士はクライアントの生活面に関する支援（公的サポートをともに考える）や法律的な問題（精神障害者手帳の申請など）に関するアドバイスを行っている。臨床心理士は主にカウンセリング的な技法を用いた関わりや集団心理療法的な関わりの中で，クライア

ントを心理的に支えたり，社会復帰に向けての対人関係の改善や社会性の向上といったリハビリテーションを行うという役割を果たしている。

　P病院デイケアの目的は再発や再入院の予防，慢性期患者の居場所，社会復帰（就労や進学）へむけてのリハビリテーションなどが主であった。これらの目的に合わせて，様々なプログラムが用意されている。例えば，創作活動（手芸），料理やお菓子作り，ソフトバレーボールや卓球などのスポーツ，茶話会，ゲームなどがある。これらのプログラムの一つとして，集団音楽療法が取り入れられていた。なお，デイケアに集団音楽療法を取り入れているケースは本邦に散見される（金澤，2008）。

　音楽療法は週一回，約1時間程度，実施された。参加者の平均年齢は36.1歳，性別は男性が約6割・女性が約4割であった。参加者の疾患別では統合失調症が約7割で，双極性障害，非定型精神病（カルテ記載の疾患名まま），パーソナリティー障害とつづく。音楽療法の参加スタッフは，臨床心理士1名（筆者），看護師2名，精神保健福祉士1名であった。音楽療法はデイケア内の一室で行われ，キーボード，ホワイトボード，歌詞カードのファイルなどが準備されていた。音楽療法は入退室が自由な形態のオープングループであった。各音楽療法セッションへの平均参加者数は16.8人であった。音楽療法の主な内容は「1. 今日の曲をファイルする，2. 季節の歌の歌唱，3. リクエスト曲の歌唱，4. 今日の曲の歌唱およびSupposition（後述），5. 終わりの歌の歌唱（マイクを全員にまわす）」であった。活動の一環として音楽療法の準備，および片付けはスタッフを含め，参加者全員で行った。

　「Supposition」は渡辺（1998）らによって提唱された音楽療法の集団心理療法的アプローチ法で，J-POPや歌謡曲などのいわゆる大衆音楽を題材として，「歌の内容について仮想したりイメージを拡大する事により，それを自身あるいは他の参加者が受け止めたり共感共有する事」と定義されている。ある音楽療法セッションでSuppositionを行ったときの様子を**表1**に示すので，参照されたい。Suppositionは，歌唱行為による集団所属意識の向上と，歌詞という具体的題材について考えた事を集団内で発言する行為による対人関係の改善・社会性の向上という効果が期待できると思われる。また，集団心理療法的側面を有し，川村（1995）が述べる「集団の中での感情表現に対する他者の反応

表 1 Supposition の例：《サボテンの花》(財津和夫作詞・作曲)を題材にして

Th.　：「部屋はどんな部屋？」
Cl.1　：「アパートで若い二人が住んでいる。二人は出世していない」
Th.　：「部屋には何がある？」
Cl.2　：「編みかけの手袋やあらいかけの洗濯物。手で洗った。洗濯機はない」
Cl.3　：「香りがある」
Cl.4　：「ラベンダーの香りのような気がする」
Cl.2　：「シャボン玉がある」
Cl.5　：「こたつがあって，花瓶がある。花瓶の中にはあじさいがある」
Cl.1　：「サボテンの花がある。あまり大きくない」
Cl.6　：「焼き肉セットがある」
Cl.2　：「二人のコーヒーカップがある」
Cl.1　：「コップの中にペアの歯ブラシセットがある」
Cl.3　：「二人の愛がある」
Cl.7　：「小さなテレビがある」
Th.　：「部屋を出て行ったとあるが，なぜ出て行ったのか？」
Cl.8　：「どんな出来事かはわからないが，愛していたから壊れた。愛していると思っていたが違っていたのかも」
Th.　：「この後二人はどうなった？」
Cl.9　：「仲直りした」
Cl.2　：「やっぱり別れた」

を"今，ここで"体験し，多くの気づきを得る」という効果があると思われる。また，集団内での心理的内面表現は，自己の問題を普遍化し，参加者にそれを共感共有してもらうという効果があると考えられる。さらに，自己の客観化や，自己の内面に有する異常体験と現実を結合し社会や現実に適応する力を得る事にもなるであろう。これらは，セラピストとクライアントの深い心的関係が不可欠であり，個人心理療法的側面を持ち合わせているとも考えられる。

2. 事例提示

［クライアントA］音楽療法導入時 2X 歳，男性，統合失調症，同胞 2 人の末子である。家族によれば，病前は「おとなしくて素直ないい子」であった。

家族歴：父親は医療関係職，母親は専業主婦である。母はAの統合失調症について不安が高く受容できない時期が長く続いた。Aが発症後，宗教の力を借りてAを治そうとしたりしたが，病状が増悪し対応しきれなくなってやっと治療に応じたという経過がある。兄は成績が優秀で，Aはずっと劣等感を抱いていたという。

現病歴：Aが1Y歳の夏頃より「声が聞こえる」などの訴えが認められ，学校を休む日が多くなり，高校を2年時に中退した。その後，クリニックで薬物治療を受けたが状態は改善せず，「お化けがそこにいる」などの訴えが認められた。Aが1Y+2歳時，P病院に入院。入院当初より，幻聴が持続し，「蛇や人形に性器をかまれる」という夢を繰り返しみるなど，不安が露呈していた。また，てんかんの発作もこの間に認められ，薬物療法が行われた。約4年間の入院加療によりやや症状が改善され，日常生活面での適応が認められたため，院内作業や外泊が可能となった。1Y+7歳時，退院。外来通院・内服加療の継続により状態は安定していた。Aは高校への復学を希望していた。しかし，現実的には目標遂行能力に問題があり，すぐには不可能と考えられた。よって，それまでの準備過程が必要と思われた。そこで，Aが1Y+11歳時，「生活のリズムを整える」「復学の準備」を目的として，主治医の依頼により，精神科デイケア導入となった。

デイケアでは自己中心的な行動が多く，それをスタッフから注意されるとイライラして貧乏揺すりをしたり，プログラムに参加しないという事が多く認められた。また，Aの自己中心的な行動によってメンバー同士の対人トラブルも多く，その後は数日間デイケアに参加しないという状況であった。カンファレンスの結果，復学のためには社会性の向上や対人関係を改善する必要があるとの結論に達した。元来音楽好きでありカラオケ等のプログラムには参加していたことから，対人関係の改善を長期的な目標として，音楽療法に1Y+12歳時より導入となった。

音楽療法の様子を中心にAの経過について以下に記す。
《第1期（#1～9）》
この時期，Aからアルバイトをしたいとの申し出が主治医にあり，そのためにデイケアの参加日数を減らしたいとの強い希望が診察場面で語られた。そ

の後，自分でアルバイトを探してきて就労を決めてくるという出来事があった。カンファレンスの結果，精神保健福祉士が今回のアルバイトを含めた就労の相談に対応する事となった。このような生活状況の変化をふまえて，音楽療法では受容的に接する事で，Aを心理的に支える場として機能させる事が確認された。

　音楽療法では，参加初回から自分のリクエストした《乾杯》を大きな声で歌唱したり，一番前の席に座るなど，音楽活動そのものには積極的であった。しかし，この時期，スタッフの指示を無視してしまうことがたびたび認められた。また，他の参加者が自分の好みでない演歌や唱歌を歌うと表情が硬くなり，イライラして手をこすり合わせたり，貧乏揺すりをするなどの行動が認められた。また，他の参加者が歌唱中に，自分の歌いたい曲を探してファイルをめくっており，まったく聞いていないことが頻繁に見受けられた。さらに，片づけを嫌がり，いつも音楽療法終了と同時に逃げるように退室していた。#3 では《Wa になって踊ろう》をリクエストする。#5 では歌詞カードに載っていない合いの手を即興で入れる様子が認められた。その後もこのような合いの手を演奏中に入れるようになった。#9 では台風のなか，音楽療法のために来院。積極的にリクエストした。この時期，Supposition での発言はほとんどない。

《第 2 期（#10〜23）》

　アルバイトには 3 回程行ったが，結局，解雇される事となった。解雇による症状の増悪が心配されたが，主治医から目立った症状の変化はないとの報告があった。また，デイケアの場面でも大きな症状の変化はない事が多くのスタッフから報告された。一方で，解雇について笑いながら「やめさせられちゃった」と語るといった様子も認められた。カンファレンスでは，精神保健福祉士から，アルバイト解雇の理由として雇用先から「指示を聞く事が出来ない」「注意すると怒ったような表情をして，注意を受け入れられない」と言われた事が報告された。

　この時期，音楽療法では攻撃的な発言がたびたび認められ，セラピストから離れた位置に着席するようになった。一方で，表情は良く笑顔が認められた。また，第 1 期と変わらず貧乏揺すりなどは続いていたが，自分の好みでない曲も時々口ずさむようになった。さらに，他の参加者が歌っているときは自分

の曲をファイルで探すことが少なくなった。Suppositionでは，歌詞の主人公について，多くの曲で「鉄工所に勤めている」と述べている。#10では，積極的に参加しようとしたが，参加人数が多かったためあまり歌唱することができなかった。活動終了後，セラピストに歌詞のタイプミスがあると強い口調で攻撃し，次の週は欠席した。#13では《全部抱きしめて》を，#15では一番最初に《やめないで pure》をリクエストする。#18にはセラピストの薦めに従って，初めて後片づけに参加した。#18では隣のスタッフに「よく知っていますね」と表情よく声をかける。#19では「自分が歌ったときに拍手がなかった」などの抗議を述べた。

《第3期（#24～40）》

この時期に，デイケア通所中に転倒してケガをするという出来事があった。デイケアスタッフがそのときの状況を詳しく聞いたところ，「そのとき（転んだ時）の記憶がない」との事であった。カンファレンスでは，てんかん発作による転倒の可能性がある事から服薬管理の徹底を看護師中心に行う事が確認された。

音楽療法では，この時期，2回に1回の頻度で欠席し，出席しても遅れて参加することが多かった。一方で，セッション終了後必ずセラピストに話しかけたり，身体接触をすることが多々あった。この時期，手さすりや貧乏揺すりはほとんど認められなかった。また，音楽療法中，セラピストに「誕生日だから誕生日の歌を歌ってほしい」などの要求が多く認められた。#25，#37には他の参加者と連れだって参加した。#25では《Be together》をリクエストする。#25ではSuppositionで《ロード》の歌詞について「この歌詞は現実にあった事。現実にあった事は重い」と述べる。#26では「（セラピストに）誉められてとてもうれしかった」と感想を述べた。#30では《贈る言葉》のSuppositionで，「学校と言えば？」の問いに「保健室，いつも寝てた」と述べる。#39ではセッション終了間近になって入口のあたりをうろうろし，セラピストの声がけでやっと入室した。

《第4期（#41～66）》

この時期，カンファレンスでは作業所への導入が検討された。精神保健福祉士から，アルバイトへの意欲がある事・音楽療法での様子から対人関係がある

程度改善されている事などから，作業所で精神科臨床に知識のあるスタッフの介入を得ながら，アルバイトに向けての作業訓練をする事が提案された。その結果，近隣の精神科作業所に週2日通所する事となった。

　音楽療法では，再び即興的な合いの手を入れたり，歌唱に積極的に参加するようになった。知らない曲がリクエストされると，時々ため息をついたりする様子は認められたが，隣の参加者と話す様子が何度も認められた。また，この時期には後片づけなどにもスタッフの働きかけがなくても参加できるようになった。#52には他の人の歌唱中，即興的に掛け声を入れた。掛け声に対して，他の参加者が笑うと大変嬉しそうな表情をするといった様子も認められた。#63ではセッション中，冗談を言ってみんなを笑わせる場面もあった。#64では《Pride》のSuppositionで「色々な事が考えられるね。この歌」「（Prideとは）何か足りないものかあるってことで，しっかりしないと！という事」と述べる。また，#65では，自分の周りに誰もいないのを気にして，他の人の近くに着席する様子が見受けられた。

3. クライアントAに対するチーム医療の展開

　クライアントAは統合失調症の罹患以外にもてんかんの既往があった。また，10代で発症した事もあり，対人関係の未熟さや社会性の低下も認められた。しかし，Aがまだ20代（デイケア導入時）である事を考えると，本クライアントが地域社会に根ざして生活していく事を念頭に置いた援助が必要であると考えられた。

　デイケア導入は医師からの依頼によるものであった。この頃，筆者はこのクライアントには関わっていなかったので，以下はデイケアスタッフからの情報によって得られたものである。デイケア導入時には，デイケアに決められた時間に通所してある一定の運動などのプログラムに参加する事によって，臥床傾向にあった生活を改善し，生活リズムを整えるという介入が行われた。これらの介入は，様々な職種のデイケアスタッフ，例えば精神保健福祉士・看護師などによって行われた。デイケアへの遅刻・欠席が続いたときには，スタッフが家庭へ電話をかけるなどの介入も行われ，主治医にその状況を報告し，診察場面で主治医からの説得も行われた。当初，高校を中退していた事から復学を目

標の一つとしていたが，プムグラム参加の様子から，注意・集中力の低下などもあり難しい状況が続いた。年齢的な事もあって，Ａからは次第に復学への希望が述べられる事は減り，それに変わって，就労への希望が述べられるようになったという。筆者が音楽療法でクライアントと関わるようになったのはこの時期に当たる。

　第１期には，Ａは就労への強い意欲があり診察場面でもしばしばその要望を述べていた。しかし，カンファレンスでは，対人関係の未熟さがあるため，一般就労は難しいとの意見が多数であった。また，筆者は，Ａが将来に対する不安や焦り等によって就労を急いだのではないかと推察した。さらに，Ａがアルバイトを独断で決めてきたことには，現実検討能力の低下もあると思われた。そこで，デイケアでは，今回のアルバイトに対する対応も含め，就労に関わる介入については精神保健福祉士を中心に行っていく事が確認された。また，長期的な目標として，今後，対人関係の未熟さに対する対応を音楽療法の中で取り扱っていく事が確認された。さらに，状況変化を鑑みて，デイケア全体でＡに対し受容的に接する事で一致した。Ａが音楽好きという事もあり，音楽療法では，まずは楽しみを共有し，将来に対する不安や焦りを心理的に支える場としての役割を果たしていく事となった。音楽療法の経過に関する考察は後述する。

　第２期には，アルバイトを解雇されるという出来事があった。今回の就労がＡの将来に対する不安や焦りからの行動と思われていた事から，Ａが将来を悲観し，この事がストレスとなって症状が再燃する事が危惧された。結果的に症状の悪化は診察場面でもデイケア場面でも見受けられなかったが，解雇をあっけらかんと話すなど，否認とも取れるような言動が見受けられた。カンファレンスでは，解雇されたＡをデイケアのスタッフ全員で慎重に見守っていく事，Ａの意向を汲んで就労に向けた長期的な支援計画を担当の精神保健福祉士を中心として立てていく事が確認された。また，やはり対人関係の改善や社会性の向上が今後のＡの課題である事が再確認された。加えて，Ａが自分の状況を再確認し，自分の生活や現実的状況を受け入れていく必要があると思われた。そこで，音楽療法では引き続き対人関係の向上を目標に関わっていき，現実自己を少しずつ受け入れていくための介入としてSuppositionへの参加を

積極的に働きかけていく事が確認された。

　第3期には，転倒してケガをするという出来事があったが，転倒時の記憶が曖昧である事から，てんかん発作の可能性が危惧された。そこで，主治医に状況を報告したところ，診察時に必ず服薬する事を本人に伝える事になったが，デイケアでも服薬管理を徹底してほしいとの依頼があった。そこで，デイケアスタッフの看護師が服薬したかどうかをデイケア来所直後に受付で確認する事とした。

　第4期には，音楽療法中の対人関係の改善が報告された事や，デイケアの他の場面でも他のメンバーと連れ立っている様子などが認められる事から，作業所への導入が検討されるようになった。Aの希望は就労であったが，担当精神保健福祉士が就労へのステップとして作業所で軽作業に慣れる事をAに説明し，導入となった。カンファレスでは，対人関係の改善が認められることや作業所では精神科リハビリテーションの専門スタッフが集中力の低下などに配慮しながら作業を援助する事などから，週二日程度の作業所導入が可能であるとの結論に達した。また，作業所という新しい環境へ導入する事によるストレスが予測される事から，音楽療法ではセラピストとの信頼関係を軸に楽しみながら参加できるほっとする場を提供するようつとめる事が確認された。さらに，対人関係のリハビリテーションの場を増やすため，作業療法士が実施している茶話会などのプログラムにも参加を促すこととなった。

4. クライアントAの音楽療法に関する臨床心理学的考察

　第1期は，音楽療法導入直後で，Aとのラポールは取れていなかった時期であり，言語的な関わりが難しいクライアントに対し，ノンバーバルな媒介である音楽で関わっていった時期でもあった。この時期は，基本的な信頼確立期といえ，クライアントが合いの手を入れるのに合わせて伴奏するなど，セラピストは音楽活動上でクライアントの音や動きに細心の注意を払い即座に反応するといった「開いている」状態を継続して行った。そして，音楽を媒介とした情動共有をはかるとともに，基本的な信頼を確立するよう努めた。また，セラピストは「開いている」状態を継続するとともに，合いの手やアドリブなどを賞賛することにより，クライアントが音楽上で主体となれるよう努めた。また，

セラピストは，クライアントの他の人が歌唱している最中にファイルで自分の曲を探すなどの自己中心的行動や，片づけを行わないといった行動を答めることはなかった。その結果，クライアントは音楽の演奏を通じて，自分が主体となることに快感情を持ち，自分自身に対する自信をつけ始めたと考えられる。

　第2期はクライアントの自己中心的な行動や攻撃的な発言が続いた時期であった。これは攻撃期といえ，第1期の基本的な信頼の安心感のうえに，セラピストに対し，これまでクライアントの内面世界に抑圧されてきた不安が，攻撃的行動となって現れたとも捉えられる。その一方で「拍手を求める」といった，自己が主体となるための自己充実欲求の現れともとれる行動が認められた。一方で，この時期はSuppositionで同じ発言が繰り返されるなど，型にはまった発言でしか言語表現が出来ない時期であったと言える。しかし，楽曲選択においては《全部抱きしめて》《やめないで pure》など，セラピストにホールディングしてほしいというクライアントの心的内面が表現されていたと思われる。

　第3期はセラピストとの関係に葛藤し，関係を模索する時期であったと言える。この時期，クライアントの何曲も歌いたがるといった自己中心的な行動に対し，社会性の向上や対人関係の改善を考慮して，セラピストが抑制したり，後片づけをしないといった行動に対し注意したりした。これらのセラピストの対応は，今までの受容し評価するという態度の変容であった。よって，第1期に獲得したセラピストとの基本的な信頼関係と第3期の抑制との間で葛藤するようになり，欠席が続いたと考えられる。これは，クライアントにとって，受容するセラピストと抑制するセラピストというセラピストの二面性を経験した時期でもあったと言える。同時に，葛藤に対処するため受容するセラピストを求めて，一種の退行とも呼べるべき態度，つまりセッション後に必ずセラピストに話しかけたり身体接触が認められたものと思われる。しかし，一方で音楽活動そのものにおけるセラピストの「開いている」状態は継続していた。これは，大野（1995）が示すように，音楽療法場面に生じるセラピストとクライアント間の対峙的な関係において，音楽活動そのものが三者的に介在し，クッションの役割を果たしたとも考えられる。また，この時期，クライアントが他の参加者と連れだって参加するなど，関係希求の萌芽とも捉えられる様子も

垣間見えた。これはセラピストが常に「共にあり」「開いている」ことにより,対象者の思い通りに音楽活動が展開され,自己充実欲求が満たされ,さらに,その音楽活動に対する賞賛をセラピストが映し返すことにより,対象者は自分が主体であると感じ,さらに賞賛をもとめて他者を希求するという関係希求の萌芽の時期であったととらえられる。鯨岡（1999a, b）も自分が主体となるためには,必ず他者による反応という映し返す過程が必要になると述べている。それは他の人ともっと共にありたいと願う関係希求性が生まれるきっかけとなると考えられる。そして,社会性つまりsocialityへの志向とつながっていくであろう。この時,セラピストとの情動共有からなる基本的な信頼関係に基づく音楽療法場面という安全な場との感覚が,A自身の新しい関係への不安解消の一助となったと思われる。一方,Suppositionでは,歌詞からの連想において,「学校と言えば？」に対して自分の過去の経験をふまえて保健室を連想するなど,自分の生活や経験と結びつけた内容が表現されるようになってきた。Suppositionでの連想に加えて,歌唱活動という自己表現は歌詞を通じて「言葉」として表現者自身へもフィードバックされると思われるので,その楽曲から連想される過去の記憶と邂逅し,その邂逅をその楽曲の演奏という形で具体化して自己の中に統合していったと思われる。

第4期は安定期といえ,クライアントはセラピストとの間で構築した「共にある」情動共有の喜び・セラピストの「受容と抑制」という二面性を経験したうえで,クライアント自身がさらに主体となるために,他の参加者との間で関係を構築しようと希求していった。前述したように,集団で自己実現したり心理的内面を表現し,自分が主体となるためには,常に他の人によって賞賛や同意といった形で映し返してもらわなければならない。これは,鯨岡（1999a, b）の述べるように,自分が自分であるためには他者による反応が必要であるという「自-他の両義性」である。一方,集団活動では,主体になろうとして自分の思い通りを貫こうとすれば,集団の動きやルールに抵触し,集団から圧力を加えられる事になる。しかし,集団のルールにばかり従えば,主体としての存在が成り立たなくなる。つまり,他者との関係希求性と自己実現欲求などが摩擦を起こすと考えられる。そのような状態に陥ったときに,基本的信頼を構築したセラピストや他のスタッフの行動を取り込み,柔軟に「うまく折り合

う」方法を獲得していく。つまり，集団に抵触する自己中心的な行動を戒められた場合，セラピストと他のスタッフとのやり取りや発言から「観察学習」すると思われる。その結果，この時期，Supposition においては歌詞について柔軟に考え，第1期のように画一的でなく，また第2期のように過去の経験からだけでもなく，自分の心的内面を高次に表現する様子が認められたと思われる。このような柔軟性は，周りの状況や環境を受け入れ，柔軟に対応すると行った態度（周りを気にしてみんなのいるところに座るなど）ともリンクしていると考えられる。

5. チーム医療における心理士の独自性

　本稿で提示したクライアント A のように，精神科のクライアントは心理的側面のみならず，生活していく事そのものに困難を抱えている事も多い。A について言えば，心理的な支援や対人関係の改善といった臨床心理士が行える支援とともに，症状変化への配慮・就労支援・服薬管理などの支援が必要不可欠であった。本クライアントが示すように，精神疾患を抱えるクライアントを支えるという事はすなわち患者の生活そのものを支えていくという事であり，そのためには多角的な視点が必要になる。その意味で，精神科領域では積極的にチーム医療が展開されているといえる。

　それでは，チーム医療の中で臨床心理士が果たせる専門性はいかなるものであろうか。チーム医療では，医師は医学的視点から，看護師は体調管理や環境整備という観点から，作業療法士はリハビリテーションという観点から，精神保健福祉士は主に就労支援という観点から援助をする事になるであろう。これらはいわば，「外」から「見える」クライアントの現在の状況を元に支援するという観点に基づいていると思われる。つまり，今このような症状がでているからそれに対して薬物療法を行う，服薬が出来ていないから服薬管理に関する援助を行う，現在出来ている事はこれだからこの仕事に就労できるように環境を調整するといった事である。一方，音楽療法に関する考察で示したように臨床心理士は，「見えない」クライアントの心の「内」で何がおこっているのかという観点に基づいて支えようとすると考えられる。そして，臨床心理士は，心の「内」にあるものは今現在は「見えない」過去の経験（生育歴や環境も含

めて）や思考から派生してきたものであり，その心理的内面は「見えない」将来の行動や感情につながるものであるという観点から支えようとする。本クライアントで言えば，高校生のときの発病と中退という経験が，現在の対人関係スキルの低下と，将来への不安や焦りにつながっていると考えた。そのように考えると，精神科領域での臨床心理士の専門性は，臨床心理学的視点から，クライアントの行動や発言の向こう側にある過去の経験からくる心理的内面を理解し，受容し，そして将来に向けての不安や葛藤に寄り添いながら支える事であろう。ここに，臨床心理士がチーム医療の一員として果たす役割があると思われる。

文　献

金澤克枝・成澤由希（2008）精神科デイケアにおいて音楽活動を取り入れた効果，統合失調症の4事例を通して．日本精神科看護学会誌，51(3)；615-619.
笠原嘉（1990）予診・初診・初期治療．診療新社．
川村優（1995）集団精神療法．臨床精神医学，1995増刊号；1106-109.
鯨岡峻（1999a）関係発達論の構築．ミネルヴァ書房．
鯨岡峻（1999b）関係発達論の展開．ミネルヴァ書房．
桑村和江（2011）閉鎖病棟内における集団音楽療法の活用．病院・地域精神医学，184；176-178.
大野桂子（1995）精神科音楽療法における治療構造．音楽療法，5；23-35.
渡辺恭子・熊本庄二郎（1998）音楽療法における楽曲を介した心理的内面表現について．集団精神療法，14(1)；53-56.

第12章
家族との連携

鈴木　亮子

1. はじめに

　何らかのこころの問題などを抱える本人を心理臨床ではクライエントとよぶが，そのクライエントを支える家族というのは幅広い。病気を患う家族を看護する家族，障害のある子どもを育てる親，高齢になった親を介護する家族など多様である。家族はクライエントに対し「看護」「療育」「介護」などを行っている。近年では，これらを包括する言葉として「ケア」という言葉が用いられることも多い。つまり家族はさまざまな形でクライエントに「ケア」を提供している。臨床心理士はこころの問題などを抱えるクライエントの支援はもちろんのこと，「ケア」を提供している家族も当然のことながら支援の対象となる。「ケア」に関しては「ケア学」という新しい学問・研究領域が打ち出されている（広井，2000）。また，「ケア学」は，医学・看護学・社会福祉学，哲学，宗教など多くの領域にまたがっている。臨床心理士も多くの領域の専門職と連携していく中で，「ケア」という言葉に触れることも多くなっている。それは同時に学際的な視点から連携というものをとらえ，実践することを求められているとも考えられる。

　「ケア」という言葉の浸透とともに，「ケアラー carer」という言葉も使わ

れはじめている。文字通りケアをする人のことである。日本ケアラー連盟（http://carersjapan.com/）は，ケアを行う人を「ケアラー」と呼び，「『介護』『看護』『療育』『世話』『こころや身体に不調のある家族への気づかい』など，ケアの必要な近親者・友人・知人などを無償でケアする人のこと」と定めている。具体例として，障害のある子どもを育てている，ひきこもりや不登校の家族をケアしている，病気の家族を看病し気にかけている，高齢者や障害のある家族をケアしているなどが挙げられている。また，定義の中に"無償で"とあることから専門職は含まれない。

「ケアラー」という言葉が使われるようになったことと対応して，木下（2012）は，「ケアラー学」の必要性に言及している。木下はケアラーを「専門的，職業的ケア者ではなく，金銭的報酬を受けないインフォーマルな立場で介護，養育，精神的サポートなどのケア行為を行っている人」と定義しており，これはケアラー連盟の定義と大きな違いはない。木下はケアラーについての自身の研究プロジェクトを紹介するウェブページ（http://www2.rikkyo.ac.jp/web/kakencarer/index.html）の中で「従来の保健・医療・福祉専門職による施設ベースの医療モデルに限定されないケアのあり方を検討する時期に来ている」と指摘している。つまり，様々な形で提供されているケアラーによる日常生活の中でのケアを，再度検討する必要があるという指摘である。

他の章では様々な「専門職」との連携という視点から書かれているが，本章では少し趣が異なる。「ケア学」という新しい学問・実践領域の登場を踏まえ，「ケアラー」の中でも，"家族"との連携をとりあげる。家族は専門職ではないが，クライエントと長時間関わり，クライエントのことを誰よりも知っている"ある意味"での専門職と考えられる。クライエントを支えるためには，彼らを支える家族を支える必要がある。よって家族との連携をはかるということは，違う観点から捉えれば，"家族を支援する"というアプローチでもある。本章では，家族との連携を，家族への支援という観点からとらえることとする。また，「ケア」は「看護」「療育」「介護」などを広く包括するが，本章では，筆者が専門としている認知症の介護について，また，「ケアラー」の中でも家族介護者を通して家族との連携・支援について考えていく。

2. 臨床心理士の4領域

　臨床心理士の仕事の4領域として，①臨床心理査定②臨床心理面接③臨床心理的地域援助およびそれらの④研究調査等の業務を行う（臨床心理士資格審査規定第4章「業務」第11条）がある。臨床心理士が家族の支援としてもっぱら携わるのは「臨床心理面接」であろう。筆者が現在在籍している大学の大学院に併設された相談室にも，発達障害や情緒障害の子どもとその親や，うつに罹患した本人と家族などが数多く来談している。このような「臨床心理面接」の場に現れる家族は，何らか日常生活に支障をきたし，問題意識を持って専門家である臨床心理士のもとに相談にきている。ここでの家族への支援は個別的な場合がほとんどである。多くの臨床心理士は「臨床心理面接」を通して家族支援に携わっている。

　その一方で，「臨床心理的地域援助」も臨床心理士にとっては欠かせない支援である。この領域で社会からの要請に応えていくことは，臨床心理士の仕事をより社会に知ってもらうことにもつながる。この領域から家族を支えるというアプローチも存在する。臨床心理士が携わる仕事として「臨床心理的地域援助」はまだそれほど多くないが，今後更に発展してく部分と思われる。個別的な「臨床心理面接」を通しての家族支援については多くの良書があり，筆者が述べるまでもない。よって，ここでは「臨床心理的地域援助」の観点から，家族との連携をとらえていきたい。

3. 心理教育

　筆者はこの臨床心理的地域援助として，愛知県での認知症の家族会の活動に関わってきた。中でも家族会の中で行われている心理教育の枠組みを用いている「家族支援プログラム」という取り組みに立ち上げ当初から関わる機会を持った。ここでは，心理教育のそのものののの概要を説明したのち，「家族支援プログラム」の活動に触れながら，「家族の支援」という家族との連携を考えていく。

心理教育とは統合失調症患者とその家族を対象として発展してきた bio-psycho-social な観点に基づく家族支援アプローチである（小林・堀川，2006）。病気や障害に罹患したことによる心理的葛藤や，メンタルヘルスの問題の改善を目指す精神療法的な取り組みと，病気の理解や必要なスキルおよび情報の獲得を目指した教育・啓発的な取り組みからなる心理社会的介入である（松田，2006）。また，集団で行われる場合は参加者の体験の分かち合いという側面も持ち（山口，2001），参加者間のピアサポートを促進しながら行われる。

心理教育の効果については，日本においても統合失調症患者への取り組みの中で，EE（expressed emotion：家族感情表出）と患者の病状の関連の研究において示されてきた（三野，2001）。この EE 研究を基礎にした多くの研究の成果と，前述の心理教育の構成の特徴から，感情障害（上原，2001）や摂食障害（鈴木，2001）などの各種精神疾患，身体の慢性疾患，災害の被災者など，さまざまな困難な状況で苦しんでいる当事者やその家族のために利用されるようになってきている（山口，2001）。

1. 心理教育の理論的基盤

心理教育という言葉は Anderson, Reiss & Hogarty（1986；鈴木他訳，1988）が統合失調症の家族に行った家族介入から生まれた。Anderson et al.（1986）は従来の家族療法から発展した方法で心理教育を行っており，疾病についての知識伝達と，対処の獲得，問題解決アプローチを組み合わせたものであった。この後，類似した多くの心理教育的アプローチが試みられているが，少しずつ異なった特徴を持っている。

わが国では原法をそれぞれの実情に従って改変して施行されることが多く（山口，2001），心理教育の定義もさまざまある（大島，1993；鈴木・伊藤，1997；後藤，1998）。その中で後藤は「Anderson et al.（1986）の①知識，情報の共有，②日常的ストレスへの対処技能の増大，③集団で行う場合は参加者同士のサポート，を基本構造として，どう体験しているか，どう対処しているかに配慮しつつ行う教育的プログラムの総称」と定義しているが，定義がさまざまあることについては，同じようなことを言葉を変えて表現しているだけであると指摘している。そして，共通している点として，専門家から患者・家族

への一方的な疾病教育ではなく，SST（social skill training）や集団精神療法，解決志向アプローチの技術などを取り入れながら，再発予防や問題解決を目的としていることをあげている．

2. 心理教育の構成要素

小林・堀川（2006）は各領域で行われてきたサイコエデュケーションの報告を通して，その重要な要素をひろいあげ，サイコエデュケーションの構成要素として以下の4点をあげている．

①情報提供：情報が専門家から本人・家族へ一方的に伝えられるのではなく，受け取る側の生活に活かされるように選択され整理されている
②問題解決能力の向上：本人・家族を尊重し，問題を解決していくスキル自体の獲得を重要視する
③ソーシャルサポート：参加者同士の相互のやりとりや，日常の経験を共有することを通して，孤独感を軽減し，お互いの気持ちを共有する
④エンパワメント：本人・家族の持つ力を評価し，その力を引き出すことでよい結果がでるように，本人・家族を力づける

4．認知症の家族会での「家族支援プログラム」

愛知県の認知症の家族会が行っている「家族支援プログラム」（以下，プログラム）は，2003年3月から実施されている．プログラムの運営は，全体の進行役であるコーディネーターと，複数のサポートスタッフで行っている．コーディネーターとサポートスタッフは，介護者が共通して持つ感情を引き出し，共感し，話やすい雰囲気にする役割を担う．そのためいずれも介護経験者である．プログラムの概略は以下のようである．

①対象者：初期から中期の認知症患者を介護している家族で，定員は15人から20人．

②期間：月1回，3時間（初回のみ4時間），計6回で半年間にまたがる。この講座では家族の気持ちの共有と，家族同士のつながりを重視しているため，同じメンバーで継続受講の形態をとっている。

③プログラムの構成：前半約1時間30分が「認知症の知識」「介護サービス」などの知識の習得にあてられる。前半1時間30分のうち，前半の1時間が講師による講義で，後半の30分が講師との質疑応答である。後半約1時間が介護者同士の交流会で，参加者個々の立場，介護状況，テーマにあわせて交流会の持ち方を変えて，各回をそれぞれ構成していく。各回の講師には，各領域での経験が豊富で，家族の立場をよく理解できる人が選考されている。

④前述の小林・堀川（2006）の心理教育の構成要素の枠組みをもとに，プログラムの構成を以下に示す（**表1**）。

5. 専門職が行う家族教室との違い

実は家族会が行っているこのプログラムは，家族会のスタッフがプログラム内容を考えた際に心理教育を意識していたわけでもなく，当然心理教育という枠組みをもとに考えられたものでもない。効果測定とこのプログラムの持つ意味を明らかにしていくことを，臨床心理士である筆者がその役割として家族会から依頼され，実際に行われていることに，筆者が心理教育という枠組みをあてはめたのである。家族会がなぜ筆者に，効果測定とこのプログラムの持つ意味を明らかにしていくことを依頼したのか。それは，専門職が行う心理教育と当事者である家族会が行うプログラムには異なった特徴があると家族会のスタッフは感じており，それを明示する必要があったからである。

現在多くの介護教室が専門職によって実施されている。これらの教室の目的は，介護者支援であるが，内容としては介護のノウハウの指導や学習が中心（認知症の正しい理解，認知症本人への援助方法，各種制度に関する学習など）である。家族会のプログラムに参加することになったAさん（女性，53歳）も，その数か月前に専門職が実施する家族教室に参加した。Aさんは実母（76歳）との二人暮らしで，家族教室に参加したときは，実母が認知症と

表1　家族支援プログラムの構成

【小林・堀川（2006）の心理教育の構成要素】			
	●情報提供		●ソーシャルサポート
	●問題解決能力の向上		●エンパワメント
	↓		↓
	教育的援助		情緒的援助

【プログラム構成】		
	前半：情報提供（90分）	後半：参加者同士の交流（90分）
第1回	自己紹介を含めた介護者相談交流会	
第2回	認知症の基本知識	参加者同士の交流
第3回	介護保険などの社会資源	参加者同士の交流
第4回	介護の仕方と介護者の心	参加者同士の交流
第5回	認知症の方へのリハビリ	参加者同士の交流
第6回	医師とのかかわり方	参加者同士の交流

診断されて約1年のところであった。独身のAさんは会社員として働きながらの実母の介護をしている。家族教室に参加したときのことを以下のように振り返った。

「診断されたときよりも少しずつ進んできて，認知症のことが何もわからなかったので，とにかく少しでも何か分かればと思って参加しました。確かに，認知症にはどういう症状があって，どうやって接したらいいかとか，お薬のこととかは教えてもらってそれはよかったのだけど……仕事して疲れて帰ってきて，それで同じことを何度も何度も母から聞かれると『うるさいっ。それさっきも聞いたでしょ。何べん同じこと聞くのよ』って怒鳴ってしまうんですよね。私が怒鳴ることで母も興奮して悪循環になってしまって。怒鳴っちゃいけないとは頭ではわかっているんだけど……どうしてもねぇ。その……頭ではわかってるけど……というあたりが一番困ってしまって。次に家族教室に行ったときに，その辺のことを聞いてみようと思ったのだけど，その回のときも家族の接し方が大事という話が出て，なんか聞きづらくなってしまって。仕事から帰ってからも休みの日も母の相手をしていると，自分の時間はほとんどなくて。そ

りゃ，これまで十分すぎるほど母に助けられてきて働いてきたのだからこれぐらいしなきゃとは思うんだけど。自分が自分でなくなるみたい。家族同士の交流の時間もあるけど，私は働いているし，実際の介護で困っていることの他に，働き続けたいというのもあって。それは経済的なことも大きいですよ。母の年金だけで二人で長い間暮らしていくには貯金を崩していくことになるし。ただ，それだけでなくて。結婚せずに働いてきているから，仕事も自分の一部というか，辞めたら何が残るんだろう……って。そういう自分の中での葛藤とかは口にだせなくて。いつか辞めなきゃいけないときがくるのかというのが大きな不安で。そういう思いは最後まで口にできませんでしたねぇ。こういうこと話せるところはないのかなぁと思って，家族会の電話相談に電話してみたんです。そしたら介護始めて間もないし，家族支援プログラムはどうかと勧められて」。

　認知症の本人への対応として，認知症の人の世界に合わせることが大事で，言い聞かせたり，怒ったりしてはいけない，ということはよく言われていることである。しかし，24時間365日，本人と接している家族にとって，また，日々家族自身も混乱する中にあって"怒らない"対応は困難なものである。頭ではわかっていても，感情的にはできないのが現実である。Aさんも同様であった。家族は専門職にはそのことがはっきりと言えず，専門職も介護者としてのどのように接するといいかという観点からの関わりになる場合が多い。この場合，介護者である側面が強調され，介護者としての役割を意識させる結果となる。もちろん介護者同士の交流の時間も設けられるが，そこでは必ずしも本音が語られてはいないようである。

　ケアラーである家族が，家庭でケアを提供する場合，専門職はケアを受ける側に目が向き，ケアを提供する家族そのものをとらえる視点が抜けがちである。これについて，Twigg & Atkin（1994）による介護者を4つに類型化した捉え方が参考になる。

　第1のモデルは「主たる介護資源としての介護者」である。介護者が介護を担うのは当然で，介護者を「無料の資源」ととらえるものである。かつて，高齢者世帯の中で，三世代世帯が最も多くを占め，女性が主に介護を担っていた状態に該当する。第2のモデルは「介護協力者としての介護者」である。介護者は専門職と協働してケアに従事する人ととらえられる。介護者への負担

に関しても，要介護者の状態の維持・改善のための範囲で考慮されるにすぎず，現在の日本の介護保険状況下における介護者の位置づけは第2レベルといえる。第3のモデルは「クライエントとしての介護者」である。要介護者だけでなく，その介護者自身も援助の対象者であると考える。介護者への負担の軽減が考慮されるが，その結果としての質の高いケアの維持が期待されている。第4のモデルは「社会で生きる一人の人としての介護者」である。介護者の介護役割のみに注目するのではなく，介護する人とされる人を独立した個人としてとらえ，それぞれに必要な支援の提供がなされる。

　Aさんが介護者としての知識やスキルを介護教室に求めていた点もあるが，その一方で，この第4モデルの視点も強く求めていたといえる。Aさんの中に，自分のことを「社会で生きる一人の人としての介護者」という意識が明確にあったわけではないが，自分自身がなくなってはケアに向き合うことも難しいと感じていた。よって専門職が前述の第2，第3のモデルの視点のみで家族の支援に携わると，家族にとってはそれによりストレスが生じる場合もある。このような問題意識が家族会のスタッフの中にはあり，筆者がプログラムの効果測定とプログラムの意味を明確にしていくことを依頼されたのである。介護の専門職でもある家族介護者が運営するプログラムの特徴を，医療，看護，介護，行政といった他の専門職に分かる形で示す役割を臨床心理士として担っている。

　専門職が家族と連携する際，認知症の介護の領域に限らず，第2，第3のモデルにとどまることなく第4のモデルを目指すべきであろう。その点，心理臨床は，成長モデルを重視しており，臨床心理面接の中でクライエントの家族と面接していく際も，クライエントをケアする家族という視点の他に，"その人自身に会う"という視点はおのずと持ち合わせている。臨床心理士の独自性として，ケアする人の成長という観点で家族と連携し，その在り様を他の専門職につなげていく役割があるのではないだろうか。

6．プログラムの中で生じていること

　私達は普段さまざまな役割や顔を持って生活している。学校での自分，会社

での自分，家庭での自分，地域での自分，そして，友達といるときの自分，恋人といるときの自分，家族といるときの自分などである。しかし，介護がはじまると介護者である参加者は，意識するしないに関わらず，介護者としての役割を，家族からも社会からも期待される。その期待に応えようと，「できるだけのことはしてあげたい」と思い，徐々に介護者役割の中に自分がとりこまれていく。その一方で，介護者ではない自分の人生も生きている。そのため，その両者の間で葛藤が生じる。多くの場合は，このような状態でプログラムに参加する（**図1**）。介護者役割の中に介護者が取り込まれていくことを Skaff & Pearlin（1992）は「自己喪失」と呼び，自尊心の低下や抑うつとの関連を指摘している。

　このプログラムは介護の初期から中期の介護者を対象としているが，それはこの時期が介護者にとって，最も大変な時期だからである。介護者が認知症の介護に慣れ，落ち着きを少しずつ取り戻せば，認知症の本人も落ち着き，在宅介護の負担を多少なりとも和らげることができる。そのため，認知症に関する適切な知識や対応方法を介護者が知ることは重要である。しかし，それだけを介護者に提供すると，介護者をさらに介護者役割のみに押し込めることになり

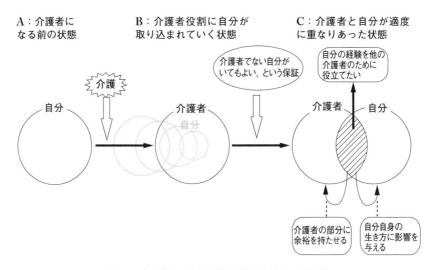

図1　プログラムの中で参加者に生じている現象

かねない。**表1**の「教育的援助」と「情緒的援助」のバランスが必要とされる。

　先ほど登場したAさんも働きながらの介護の中で，介護者役割の中に自分が取り込まれていくような「自己喪失」を感じはじめており「自分が自分でなくなるみたい」と述べていた。Aさんはプログラムの参加者同士の交流の中で，嫁の立場として義母を介護している人が「ほんとはこれまでやっていた習い事だって続けたいし，友人との旅行だって気兼ねなく行きたい」という言葉や，息子の立場で同じように働きながらの介護で，職場の中で配属を変えてもらって仕事を続けている話などを聞き，「みんな同じように自分自身のことでいろいろ思っているんですね。『奥さんなんだから』『子どもなんだから』って言われると，自分自身のことが言いづらくて。でも自分のことも考えてもいいんですよね。」と少し気が楽になった様子であった。また，講師としてケアマネジャーが担当の回では，働き続けながら介護をしていくにはサービスをどのように利用していっていいかということを積極的に質問していた。

　プログラムの情緒的援助の部分である参加者同士の交流の中で，他の参加者の介護者でない部分の葛藤や，介護者でないその人の生き方を垣間見る。そのことで，参加者は介護者でない自分がいてもいいことを，徐々に認めていくことができるようになる。それにより，介護者と自分が適当な重なりを持った状態へと変化していけるのではないだろうか。同じような思いを抱いたことのある介護経験者であるスタッフが，その人自身の葛藤ということを口にしやすい雰囲気づくりをしていることも影響をしているだろう。「介護者でない自分が認められている場」であるからこそ，「介護者である自分の様々な思いも語られる場」であり，「同じ立場である認知症の介護者」の共感も，より深い意味を持つと思われる。

7．成長モデルとしての支援

　クライエントを支えるためには，彼らを支える家族を支える必要がある。家族との連携の一つの形が，家族を支援することであると冒頭で述べた。我々専門職が家族の支援を考える際，家族が必要とする支援を提供する必要がある。

家族が「ケアラー」という役割を担っていても，その人はそれだけで生活しているわけではない。介護家族からは「（専門職が行うプログラムでは）介護者としての話しか聞いてもらえない」という声が聞こえてくる。介護をする上で大変なことを介護者同士で話す時間も設けられるが，それが介護を円滑に進めるためだけであれば，それは Twigg & Atkin（1994）の第2，第3のモデルでの支援である。家族が求める支援は，認知症の介護の分野に限らず，第4のモデル，すなわち「社会で生きる一人の人として」として遇され，その中でケアに関する問題も扱われるというものである。

　家族の「ケアラー」としての経験は，大変なことや辛いことも多い。そういった客観的事実を変えることはできない。しかし，「こういう思いをしたけれど，その経験が今の自分の○○○なところにつながっている」「あの経験は，きっと自分にとってこういう意味があったんだ」と，それをどう受け取るかという心的事実は変えられる。心理臨床が大切にしていることは，人それぞれの持つ自己治癒力や潜在的な力が引き出されることである。心理臨床が治療モデルではなく成長モデルを重視しているのならば，家族にとって辛い経験をどのようにその人が自分自身の人生に位置付けていくのかを見守ることが心理職の独自の役割の一つではないだろうか。

8．臨床心理的地域援助における役割

　臨床心理士的地域援助では，臨床心理面接に比べ臨床心理士はより黒子としての立ち位置が強くなる。家族というのは実は大きな力を持っている。家族自身は意識していないが，多くの困難に対処し，さまざまな感情に向き合う中である意味強くなっている。裏方として家族を支え，そのことで家族が困難を伴う経験を意味ある経験として位置付けることができるようになれば，その家族が同じ疾患を家族に持つ家族を支えていく。それにより，支援を受ける側である家族は支援する側にまわり社会資源ともなりうる。臨床心理士はその過程に寄り添い，家族が自らの力を発揮することを支えることは可能である。

文 献

Anderson CM, Reiss DJ, Hogarty, GE (1986) Schizophrenia and the family. New York: Guilford Press. (アンダーソン C.M.・レイス D.J.・ハガティ G.E. ／鈴木浩二・鈴木和子 監訳 (1988) 分裂病と家族. 金剛出版.)

後藤雅博編 (1998) 家族教室のすすめ方―心理教育的アプローチによる家族援助の実際. 金剛出版.

後藤雅博 (2001) 心理教育の歴史と理論. 臨床精神医学, 30(5);445-450.

広井良典 (2000) ケア学―越境するケアへ. 医学書院.

木下康仁 (2012) ケアラー学に向けて. Dia News, 68;3-6.

小林清香・堀川直史 (2006) 高齢者におけるサイコエデュケーション. 老年精神医学雑誌, 17(3);267-271.

松田修 (2006) 高齢者の認知症とサイコエデュケーション. 老年精神医学雑誌, 17(3);302-306.

三野善央 (2001) 精神分裂病と心理教育. 臨床精神医学, 30(5);459-465.

大島巌 (1993) 心理教育. 加藤正明・保崎秀夫・笠原嘉・小此木啓吾・宮本忠雄編：新版精神医学辞典. 弘文堂, p.414.

Skaff MM, Pearlin LI (1992) Caregiving: Role Engulfment and the Loss of Self. The Gerontologist, 32(5);656-664.

鈴木廣子 (2001) 摂食障害と心理教育. 臨床精神医学, 30(5);485-491.

鈴木丈・伊藤順一郎 (1997) SSTと心理教育. 中央法規出版.

Twigg J, Atkin K (1994) Carers perceived: Policy and practice in informal care. Open University Press.

上原徹 (2001) 感情障害と心理教育. 臨床精神医学, 30(5);467-476.

山口一 (2001) 心理教育の実際. 臨床精神医学, 30(5);451-456.

監修者略歴

本城秀次（ほんじょう・しゅうじ）
1949 年　京都市に生まれる
1975 年　名古屋大学医学部卒業
1985 年　名古屋大学医学部精神医学教室助手
1989 年　名古屋大学教育学部助教授
現　　在　名古屋大学発達心理精神科学教育研究センター 教授，医学博士
現　　職　愛知児童青年精神医学会理事長
著 訳 書　自己の修復（共訳，みすず書房，1995）
　　　　　今日の児童精神科治療（編著，金剛出版 ,1996）
　　　　　人間発達と心理学（共編，金子書房，2000）
　　　　　精神保健と発達障害の診断基準（共訳，ミネルヴァ書房，2000）
　　　　　よくわかる子どもの精神保健（編著，ミネルヴァ書房，2009）ほか
　　　　　子どもの発達と情緒の障害（監修，岩崎学術出版社，2009）
　　　　　乳幼児精神医学入門（単著，みすず書房，2011）ほか

編者略歴

河野荘子（こうの・しょうこ）
1998 年　名古屋大学大学院教育学研究科博士課程後期課程単位取得満期退学
現　　在　名古屋大学大学院教育発達科学研究科 准教授
著 訳 書　犯罪者の立ち直りと犯罪者処遇のパラダイムシフト (共著，現代人文社，2011）
　　　　　コンパクト犯罪心理学（共編著，北大路書房，2013）
　　　　　犯罪からの離脱と「人生のやり直し」（共監訳，明石書店，2013）

永田雅子（ながた・まさこ）
2007 年　名古屋大学大学院教育発達科学研究科心理発達科学専攻後期課程中退
現　　在　名古屋大学発達心理精神科学教育研究センター母子関係援助分野 准教授
著 訳 書　周産期のこころのケア（単著，遠見書房，2011）
　　　　　"いのち"と向き合うこと・"こころ"を感じること（共編著，ナカニシヤ出版，2013）
　　　　　臨床心理学実践の基礎 その 1（共編，ナカニシヤ出版，2014）ほか

金子一史（かねこ・ひとし）
2002 年　名古屋大学大学院教育学研究科発達臨床学専攻博士後期課程修了
現　　在　名古屋大学発達心理精神科学教育研究センター 准教授
著 訳 書　子どもの発達と情緒の障害（共編，岩崎学術出版社，2009）
　　　　　子どもの臨床心理アセスメント（共編，金剛出版，2010）
　　　　　臨床心理学実践の基礎 その 1（共編，ナカニシヤ出版，2014）ほか

執筆者略歴（執筆順）

瀬地山葉矢（せちやま・はや）
2002 年　名古屋大学大学院教育学研究科発達臨床学専攻博士後期課程単位取得退学
現　　在　日本福祉大学子ども発達学部 准教授
著訳書　よくわかる子どもの精神保健（分担執筆，ミネルヴァ書房，2009）
　　　　子どもの臨床心理アセスメント（分担執筆，金剛出版，2010）

小倉正義（おぐら・まさよし）
2007 年　名古屋大学大学院教育発達科学研究科博士課程後期課程中退
現　　在　鳴門教育大学大学院学校教育研究科 准教授
著訳書　ギフテッド―天才の育て方（共著，学研教育出版，2009）
　　　　子どもの発達と情緒の障害（分担執筆，岩崎学術出版，2009）
　　　　認知的個性（共編著，新曜社，2010）
　　　　ペアレント・メンター活動ハンドブック（分担執筆，学苑社，2014）

駒井恵理子（こまい・えりこ）
2005 年　名古屋大学大学院教育発達科学研究課博士後期課程中退
現　　在　豊田市こども発達センター 臨床心理士

高橋靖子（たかはし・やすこ）
2002 年　名古屋大学大学院教育学研究科発達臨床学専攻博士課程単位取得退学
現　　在　上越教育大学臨床・健康教育学系 准教授
著訳書　よくわかる子どもの精神保健（分担執筆，ミネルヴァ書房，2009）

堀　英太郎（ほり・えいたろう）
2003 年　名古屋大学大学院教育発達科学研究科博士後期課程満期退学
現　　在　ながら心理相談室／神谷クリニック／灰本クリニック
著訳書　子どもの臨床心理アセスメント（共著，金剛出版，2010）

濱田祥子（はまだ・しょうこ）
2010 年　名古屋大学大学院教育発達科学研究科博士後期課程修了
現　　在　明治大学文学部 専任講師

野邑健二（のむら・けんじ）
1994 年　浜松医科大学医学部卒業
現　　在　名古屋大学発達心理精神科学教育研究センター 特任准教授
著訳書　子どもの発達と情緒の障害（編著，岩崎学術出版社，2009）
　　　　児童青年精神医学大辞典（分担訳，西村書店，2012）ほか

渡辺恭子 (わたなべ・きょうこ)
2002 年　名古屋大学大学院博士課程後期課程教育発達科学研究科発達臨床学専攻修了
現　　在　金城学院大学人間科学部 教授，教育学博士
著訳書　音楽療法総論 (風間書房，2011)
　　　　　芸術と芸術療法 (編著，風間書房，2013)

鈴木亮子（すずき・りょうこ）
2008 年　名古屋大学大学院 教育発達科学研究科 博士後期課程終了
現　　在　広島国際大学 心理科学部 准教授，心理学博士
著訳書　老いのこころと寄り添うこころ（共著，遠見書房，2012）
　　　　　高齢者こころのケアの実践 上・下巻（共著，創元社，2012）

心理臨床における多職種との連携と協働
つなぎ手としての心理士をめざして

ISBN 978-4-7533-1089-0

本城秀次 監修
河野荘子・永田雅子・金子一史 編

2015年3月29日　初版第1刷発行

印刷 新協印刷㈱　／　製本 ㈱若林製本
発行 ㈱岩崎学術出版社　〒112-0005 東京都文京区水道1-9-2
発行者　村上　学
電話 03(5805)6623　FAX 03(3816)5123
ⓒ2015　岩崎学術出版社
乱丁・落丁本はお取替えいたします　検印省略

子どもの発達と情緒の障害
本城秀次 監修／野邑健二・金子一史・吉川 徹 編
事例から子どものこころの理解と支援を考える　　●本体 3,800 円

必携 児童精神医学——はじめて学ぶ子どものこころの診療ハンドブック
R. グッドマン，S. スコット著／氏家武・原田謙・吉田敬子 監訳
臨床実践への示唆に満ちた新しいスタンダード　　●本体 5,000 円

子どものこころが育つ心理教育授業のつくり方
下山晴彦 監修／松丸未来・鴛渕るわ・堤亜美 著
学校における心理教育の具体的進め方を平易に示す　　●本体 2,500 円

東大理学部発 学生相談・学生支援の新しいかたち
東京大学大学院理学系研究科・理学部学生支援室／下山晴彦 編著
心理専門職，教職員が協働する学生支援　　●本体 2,500 円

不登校の認知行動療法 セラピストマニュアル
C.A. カーニー，A.M. アルバーノ 著／佐藤容子・佐藤寛 監訳
不登校の子どもを援助する新しいスタンダード　　●本体 3,500 円

不登校の認知行動療法 保護者向けワークブック
C.A. カーニー，A.M. アルバーノ 著／佐藤容子・佐藤寛 監訳
不登校を理解し解決する保護者のためのワークブック　　●本体 3,000 円

実践 ひきこもり回復支援プログラム
宮西照夫 著
1年半後には8割が新しい一歩を踏み出せる　　●本体 2,300 円

事例研究というパラダイム——臨床心理学と医学をむすぶ
斎藤清二 著
臨床事例の「科学」とその意義を考える　　●本体 3,200 円

子どもの精神療法——臨床における自由さを求めて
川畑友二 著
子ども臨床において最も大切な「自由さ」とは何か　　●本体 2,500 円

この本体価格に消費税が加算されます。定価は変わることがあります。